蠹硯齋叢書

范耕研著

蠹硯齋讀書隨筆

文史哲出版社印行

著者范耕研遺影

生於1894年農曆10月8日江蘇之淮陰
逝於1960年7月27日 上海市
享壽六十七歲

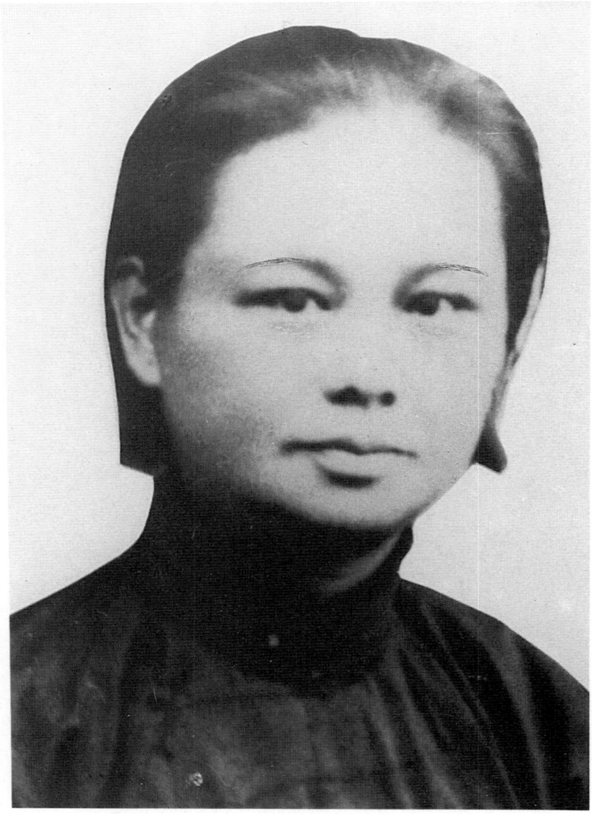

著者德配萬太夫人遺像
生於1899年農曆2月21日江蘇之淮陰
逝於1946年農曆2月6日淮陰水渡口老宅
享年四十八歲

藹硯齋讀書隨筆　目次

附錄

輯印說明

此係先父耕研公自一九四七年至一九四九年於上海時所記。其中大部份為其論說，且據《說文》以捐去形體系聯之法，用字義分為「天」、「地」、「人」、「物」四類，再別立「一」、「丶」、「丨」、「丿」四屬，有別於《說文》之分類，似為《文字略》之概論。《文字略》者乃先父經十年心血鑽研文字學之結晶，於上海易幟期間兵荒馬亂之際所定稿。

此編僅五十四條，多為討論文字者。第2，3，4，27，28，29，30，50，51，52等與《說文》有關，每有所發明，且多明指許書有誤者。第5，32，33，48，49，53，54等係個別討論單字。自第6至23及第43至47略論《全晉文》。第24係譯《牧誓》為今語。第25，26錄張亟齋先生略論全謝山《鮚埼亭集》者。第31及第34至42，即為《文字略》概論之初稿，收錄一千八百九十一字。

附錄中常有「《縣志》」二字或僅《志》者，係專指家鄉之《清河縣志》而言。因先父每於讀鄉先賢遺著後所書，遂簡略言之。

先父喜搜集鄉先賢藝文，每有所得，必另錄手抄本，並於繕錄完成時，難掩喜悅之情，而常略記經過及感想。雖寫於六十年前，而時見新義，其中頗多資料對有意研究之學者，應有助益。乃戰前所寫，雖並未歸入《讀書隨筆》，性質則同。現檢獲十五種，故以「附錄」列於後。係以時間先後為序，而於同一條內多所著筆者，則以首錄之日為準。

如前輯《國學常識》仍請臺灣大學中文系張蓓蓓教授校訂及賜序。

其中之古體及獨體字中，有電腦無法造字者，原意描摹，惟難如人意。經文史哲出版社彭正雄社長逐字自原稿影印剪貼拼字而成，字體有異矣。

先父母遺影及高明教授總序，仍按原型刊印。

高序

柳師劬堂嘗盛稱淮陰三范，以績學聞於南雍。伯尉曾，字耕研，號冠東，治周、秦諸子；仲紹曾，攻物理、化學；叔希曾，字耒研，初為歸、方古文，繼為目錄、版本之學；皆有聲於時。先兄孟起與三范同時就讀於南京高等師範，與耕研之私交尤篤，嘗為余言之。民國十四年，余入南雍，每訪龍蟠里國學圖書館，猶及見耒研，繼讀其《書目答問補正》，更深儀其人。顧余卒業於南雍時，耒研業棄世。遭時喪亂，先兄故於行都之歌樂山，與范氏之音訊遂絶。一月前，鹽城司教授琦兄來訪，述及其鄉賢范君耕研之長公子名震者在臺，今春曾返鄉探親，攜出其父叔遺稿之倖存者如《墨辯疏證》、《呂氏春秋補注》、《莊子詁義》、《書目答問補正》，及其父之詩詞殘存於日記中者將輯集之，並刊為《范氏遺書》，而屬其問序於余。余知耕研所著尚有《文字略》十卷、《淮陰藝文考略》八卷、《韓非子札記》二卷、《張右史詩評》二卷、

《宋史陸秀夫傳注》一卷，均於所謂「文化大革命」時燬佚於紅衛兵之手。其子恐其父叔之心血所注，若再亡佚，將何以對先人於泉下，乃有遺書之刊印。其孝思之誠篤，在今日不可多見，實足以風世而正俗矣，因樂而為之序。

中華民國七十八年三月高郵　高　明　謹撰於木柵之雙桂園

張序

二十年前，余在臺灣大學擔任「大一國文」課程，嘗於堂上指示諸生為學門徑，盛推范希曾耒研先生《書目答問補正》為入門必備之書。諸生始則竊竊私語，繼而顧眄咄嗟。怪而問之，一女生名范肇芸者舉手應曰：是吾叔祖父也。余即接言：此遇殊難得，定須加分。舉座鼓掌，歡笑而罷。

不數年，忽接一郵包，折視之，內有《藷硯齋叢書》數冊。細閱前後序跋，恍悟寄書者范震剛侯先生即范生之父，亦即范尉曾耕研先生哲嗣。余生也晚，雖略知耕研先生曾著《墨辯疏證》、《呂氏春秋補注》諸書，而於其人其學以及淮陰范氏一門之家風則矇然不曉。既讀其書，乃歎民國早期學者造詣湛深者正多，而身丁亂世，無以全其學術志業，乃至流離沉埋者，亦復多有也。耕研先生大著賴其友生子弟或鈔或輯，或葆藏或訪求，迄今已印出《叢書》十五種，足以見學術大體，亦不幸中之幸矣。

剛侯先生為人精勤懇摯，與余因書結緣，遂時相問候。前年春，先生返台，攜《讀書隨筆》及《國學常識》二稿訪余於臺大，擬繼《藷硯齋日記》後續予版行，然猶以內容不全為慮。余以為學人吐屬要皆一生學養之映射，吉光片羽，皆可寶貴，何況耕研先生所著《文字略》業已遺佚，此中適有其大概，為幸何如！爰應先生之請，稍加檢校，以付梓人。

范氏家風家學，余二十年來體驗頗深。除已刊各書外，剛侯先生所得各種手稿資料尚甚多，儻有人能從之討較，訂成淮陰范氏學譜，必可為民國學術史添一光輝之新頁。姑誌於此，以俟後賢。

二〇〇九年春　張蓓蓓拜序於臺大中文系

藟硯齋讀書隨筆

（1）去年由揚遷滬，迄今忽復一年。託居虹口興雅新村，衣食所資，別無長物，既乏篇籍，何由籀閱，晝行夜息，送日而已。今夏，兒子震赴揚，取得藏庋殘餘不盈二篋，計其卷帙，百數十部耳！較居揚十不存一，追念昔況，彌深浩嘆。幸《詁林》、《全文》等尚未散佚，客中得此，亦足解悶。往時讀書，喜作札記，經亂棄擲，已不復全。而結習不除，又立此冊，聊以自課。工拙勤惰，不敢預期，稍存迹象，庶免雲烟過眼之憾耳。

民國三十六年九月十三日淮陰范耕研伯子記

（2）《說文》一部下解云，「惟初太極」，此小徐本也。大徐本，太極作大始。諸家說者不一，或從大徐，或從小徐。余意，此不必辯。一本為數之始，象算籌之形，絕無深文大義。而漢儒迷信陰陽五行之說，以一之形體與《周易》之陽爻同，遂以神祕玄妙之語傅會之。不知許君此書，本是說解文字，何為闌入《易》理耶？即此已應刪汰，更何必區別太極、大始之是非耶？前人不知廓清蔀霧，更從而為之說，以謂許君一書，可以包孕宇宙萬理。本以考文為專職者，乃旁及他家，轉為旁雜小書，尊之實所以卑之矣！甚無謂也。

（3）《說文》每部首下，皆有「凡某之屬，皆從某」一語，此實賸語，可刪。如謂此語指本部諸字，實則既在本部，毋勞更贅。前人知其然，故謂此語不限本部，乃兼指他部之從此部首者而言。實則即他部之字，既言從某或某聲，其意已自明白，又何必於各部首下贅此一語耶？且字之不列於部首，而為他字所從或以為聲者多矣，亦應於該字下箸此一語矣，但許書並不爾，則部首下之語，其為賸語，審矣！徑刪之可也。

（4）《說文》中所稱古文，頗有含混不析處，至少有兩種不同，一是指倉、沮以來所造文字，有時兼包籀文在內，一是指當時所行古文經中文字而言。實則古文經中所用文字，不但非皇古文字，正恐亦非孔子時所有，僅屬戰國時人所書寫者耳！漢人通用隸書，故目之為古文，其實何古之有？許君並未能加以區別，甚可惜也。

（5）「萬」本蟲名，何以引申為「千萬」字？前人多無說。頃讀《段注訂補》，謂《禮記》借范艸之范為之《檀弓》、《內則》。鄭注並云：「范，蜂也。」然則，萬蟲即蜂。蜂之起，群蜂從以萬數，故借以為千萬字。按，其說未知的否。然其謂《禮記》之范即萬之借字，則范、萬古通用，今江南呼范姓、萬姓無別，亦可知其承流之遠矣！

（6）《全晉文》卷一百十七之十二頁以下載葛洪論天文諸段，頗足以窺見舊說之概略。前人多贊成渾天，其理由亦具見此中。此諸段多從《御覽》錄出，《隋書·天文志》錄之亦詳，前人多稱《隋志》者，不虛也。此下又有論潮汐者。

（7）郭璞有《爾雅圖贊》、《山海經圖贊》。唐宋以來散佚，明人采輯無完本。

《全晉文》中輯有《爾雅圖贊》四十八首、《山海經圖贊》二百六十六首，在一百二十一卷至二十三卷中，較他輯本為多，然稍增異聞，無益學識耳！

（8）晉孔衍有《禁招魂葬議》，頗足以折世俗之迷信。在一百二十四卷一葉。

（9）《全晉文》載諸人之文多有議禮者，是可見當時禮教之隆。章太炎亟稱之，以為為後世所不及。然觀其辯難之義，並非由於學人研討，精益求精，而多由於互相攻訐指摘，群眾乃紛紛起鬨作左右袒，是則，借禮教之名為陷害之資。其實所議，不過某人不服後母、某人周喪娶婦，此類事，何關治化、何關道德？而當時騰之奏牘，播諸文翰，則人心之險惡，亦可畏已！迂者不察，徒見形迹，遂謂其風俗敦厚，可謂大謬而不然者已！魏晉時責人以禮，宋明時責人以理，全不顧情事之實際，亦徒令狡黠者得逞，謹愿者為魚肉而已，不亦哀哉！

（10）史載肥水之捷，以為關係華夷既重且鉅，對於謝玄諸人莫不崇敬。實則，當時人民所受痛苦有不可勝言者，尤其江淮之間，本係漢族遺民，被迫於異族，未能早自渡江，遂為南人視同夷虜。此役之後，晉兵北上，乘其戰勝之威，肆其陵虐，抄掠幽縶，有同犬豕。吾思當時遺黎想望中朝者，及至此時必深為失望，而轉覺異族之尚可苟安矣。此事證之於《晉書．殷仲堪傳》而知之，仲堪《致謝玄書》有云：「胡亡之後，中原子女鬻於江東者，不可勝數，骨肉星離，荼毒終年，當世大人既慨然經略，將以救其塗炭，而使理至於此，良可嘆息。願節下隱心及物，垂理禁暴，使足踐晉境者，必無懷感之心，仁義與干戈並運。頃聞抄掠所得，多皆採樵飢人，一旦幽縶，生離死絶，求之於情，可傷之甚。雖曰戎狄，其無情乎？」觀仲堪所言，可知晉軍北上，其暴橫實出人意外，似乎所虜皆是異族，但明謂所掠皆採樵飢人，則必是當地土居之民，何嘗真是戎狄哉！試思當日肥潁濉泗汴洛一帶所受騷擾為如何？人民之怨望又為如何？而千載之下，猶歌頌其功德。功雖偉大，其罪亦在不赦。嗚呼！武人肆毒，古今一轍，不亦哀哉！

（11）晉時陳詵喪亂，與妻李相失，李奉詵母，養護周至，得便南來投詵所，詵已別娶嚴，李既至，留為二妻。李、嚴各有子，會李死，詵疑所服。當時議者，所主各別。王群謂：「李已失身，宜絕勿服。其言曰：「李氏投身於賊，則名義絕矣，辱身汙行，喪禮違義，雖有救母之功，宜以路人之恩相報，不可以奉承宗廟。嚴子不宜以母服之，李子宜以出母居之。」其言似若嚴正，實則慘刻無情，毫無人理。李之失身於賊，豈李所願？詵不能庇而復厚責於人，並令其子亦不得服，悖謬一至於此。諸葛瑒則頗責詵，立說稍平。其言曰：「詵既不能庇其伉儷，又未審李之吉凶，無感離之慘，便歡會納妻，悖禮傷教，皆此之由。又詵協嚴迎李，籍注二妻，李亡之日，乃復疑服，若小人無知，不應有疑，及其有疑，明知妻不可二，生亂其名，殁疑其服。喪亂以來，多有此比，宜齊之以法。」虞眕則謂：應抑嚴以揚李，足為無告之婦女張目。其言曰：「庶人兩妻，不合典制，裁之法則，應以先婦為主，服無所疑。漢時黃司農為蜀郡太守，得所失婦，便為正室，使後婦下之。載在《風俗通》。今雖貴賤不同，猶可依準行。」今軍興以後，流亡載途，輕薄少年，多有別娶者，時人謂前妻為淪陷夫人，後妻為抗戰夫人。勝利復員，每多致訟，時人輿論，亦不一致。要當以陳詵事為比例，亦可得其梗概。因嘆古今事何其多相類也！（三議見《通典》八十九）

（12）晉世倉促成昏，有「拜時」之禮。初不明其說，茲讀《通典》九十九，乃略得其審。《通典》載陳仲欣議曰：「夫拜時出於末代，或恐歲有忌，而吉日不辰，有此變禮。尋今人拜時，婿身發蒙，交拜者往往長迎而盡婦人之禮。夫拜時雖非古，既女交拜亦敬慎重正，但未見婦於姑，然夫婦之分定矣。若猶謂非定，則女子可蒙絳紗，使他丈夫發而相見，拜以為婿，輒可委去，女子之分，固如是乎？」按，此蓋喪亂之餘，時地不便，婿往女家舉行婚式後，更擇吉迎婦也。

（13）《淳化閣帖五》有《衛夫人與釋某書》，當是僞作。其中自謂：「規摹鍾繇」，又謂：「有一弟子王逸少」。此正作僞者刺取雜記以實其言，不然，尋常筆札何正稱說此事也。又謂：「師可詣晉尚書館。」明標晉字，其非當時人語，審矣。

（14）《開元占經》載有姜岌《渾天論》甚詳，《全晉文》一百五十三錄之，可參觀也。

（15）《全晉文》卷五，武帝詔謂：「山濤以德素為朝之望。」又報劉毅詔曰：「羊車雖無制，猶非素者所服。」兩素字皆指門第卑微，言山濤德高族卑，羊車雖非典制所關，然卑族亦不應用。近有某君謂：「六朝時，稱貴族為素族。」似非也，再考之。《全晉文》卷三十一，荀組有《霍原不應舉寒素議》云：「寒素者，當謂門寒身素，無世祚之資。」則素字確是指卑族，非謂貴族也。）

（16）荀粲，文若姪，即世傳奉倩傷神者，遺才好色，痛悼亡身，年僅二十九，蓋亦輕薄者流。何劭為其撰傳，稱其好言道，鄙六籍為糠粃，《魏志・荀彧傳注》載之。揆其言與其行，大足見當時貴游子弟之一斑，殆即今時所號有閒階級也。

（17）陳壽《三國志》不為王弼立傳，亦以其徒尚玄談，並無實迹，即其所著《易》、《老》兩注，在當時亦乏超特之處，當時清言家每優為之。不意晉宋而後，弼書漸尊，至唐而廁在學官，傳流愈廣遠，遂疑壽為闕憾，實非壽過也。何劭為其作傳，裴注《鍾會傳》引之，賴以存其大略耳！傳稱其與曹爽論道，移時無所他及，爽以此嗤之，此猶不失學者風度。又稱其為人淺而不識物，又與王黎、荀融初相善，後乃爭仕相恨。又頗以所長笑人。則竟是一躁進小人，與其注《易》、《老》之玄遠者何其異也！因此知人之學行每不相合，未可以其學之高，即信其行之醇耳！抑卒年僅二十四，資稟雖厚，脩養固未至邪？

(18) 劉毅請罷中正除九品，列舉八損三難，說極詳盡。今世教科書中常稱「上品無寒門，下品無勢族」之語，亦在此疏中。見《晉書・劉毅傳》，《全晉文》三十五錄之。

(19) 衛恆有《四體書勢》一文，分論古、篆、隸、草，各附以贊詞，甚雅麗，可觀覽。互見於《晉書・衛瓘傳》、《魏志・劉劭傳》注、《文章敘錄》、《初學記》、《御覽》、《藝文類聚》、《水經注》等，皆零碎不全，惟《全晉文》輯合各家，頗具崖略，在卷三十中。其論古文者有云：「漢武時魯共王壞孔子宅，得《尚書》、《春秋》、《論語》、《孝經》，漢世祕藏，希得見之。魏初傳古文者，出於邯鄲淳，恆祖敬矦寫淳《尚書》，後以示淳，而淳不別，至正始中，立三字石經，轉失淳法」云云。則魏世所傳古文出於淳手，與孔壁古文已未必合。因當時祕藏淳亦未必得見。淳之所傳，亦未見其淵源，則安知其果合於孔壁耶？且淳自己已不能辨別，則其為嚮壁虛造可知。淳所傳已不甚可信，而三字石經更失淳法，則其譌謬必愈甚。而今世古文大師如太炎輩，尚極力推尊此三字石經，不亦為恆所笑耶？

（20）《晉書．裴秀傳》錄其《禹貢九州地域圖序》，自謂其制圖有六體云云。雖未能如今世地圖畫分經緯度，而有分率準望，較古俗所傳已能得其大較，為我地圖學史上之一大進步。今教科諸書多引載之。《全文》在卷三十三。裴頠有《崇有論》，為中土哲學史中重要文獻，載在《晉書．本傳》及《全晉文》三十三。

（21）《藝文類聚》四十八載裴希聲所撰《侍中嵇侯碑》一文，簡要典重，足為模楷，而為操選政者所遺，甚為可惜。今《全晉文》卷三十三亦錄之。

（22）易家以蓍草為天生之神物。其語絕誕，而世人信之。庾闡有《蓍龜論》，專駁此説，雖其立論尚未洞澈，然亦異乎流俗矣。見《全晉文》三十八。闡又有《弔賈生文》。昔賈生臨汨羅，投書以弔屈原，其文既美，義尤超逸，故千古頌之。闡踵其風，從而弔賈，文雖藻麗，意殊局促，非賈匹也。

（23）北齊《魏收傳》，魏帝宴百僚，問：「何故名人日？」皆莫能知。收對曰：「晉議郎董勛答問禮云：『俗云，正月一日為鷄，二日為狗，三日為豬，四日為羊，五日為牛，六日為馬，七日為人。』」按：今俗語猶然，則遠有所本矣。然魏帝本問「何故名人」，而收僅舉勛文為證，其名人之故仍未闡明，則亦何貴此對耶？俗又謂八日為穀，未知為後人所增，抑董魏漏舉耶？胥不可考矣！

（24）頃在中正中學為生徒講《尚書・牧誓》，因參合詁訓，譯為今語如下：

牧誓　周武王率領了三百輛戰車，每車上都坐着一個勇士，共有步兵兩萬多人，和商王受在牧野開了一戰。那時，武王曾經集合全軍作一次訓話，就是現在傳下來的《書經》中一篇《牧誓》：

這年二月四日大早天剛亮，武王已在商的京城外面三十里的地方，名叫牧的一片荒郊上擺下陣勢。因此，就對軍士們訓話。武王全身甲胄，左手拿着金黃的大斧，右手揮着雪白的大旗，開始安慰他們道：「我們西方的人來的可遠了啊！我們盟國的君王，……還有辦事的大臣們，司徒啊、司馬啊、司空啊！……還有很多的軍官，軍長、師長以及連、排各長，……還有從江漢巴蜀來的各國人們，……注意啊！舉起你們的短槍、並合你們的籐牌、插好你們的長槍，我要講話了。注意啊！……」接着就說道：「以前古人曾經說過：『母雞莫要叫，母雞一叫，這家就要完了。』現在，商王受卻專聽女人們的話，把祖宗的祭祀都拋撇在腦後，全不過問，……把同祖共宗的兄弟們也都拋撇在腦後，全不接近，……反把四方逃亡的罪人，尊崇他們、長養他們、信任他們、使用他們、用他們做上中下各級的官職、教他們辦理政事。他們自然是殺害老百姓、在都城裏面搶奪，……現在我——發——不過是兢兢業業的代天行罰罷了。……今天是接戰了，你們不要參差亂打，大概前進六步或七步就要停止，大家整齊一下。……同志們，努力啊！……不要參差亂打，大概向前衝鋒四、五次或六、七次，就要停止，大家整齊一下。……努力啊，同志們！……振起勇氣，像虎一樣、像貔一樣、像熊一樣、像羆一樣。……現在已是在商的城外了，……敵人跑來投降的，我們不要還迎着他打，……敵人已逃跑的，也不必去追趕，任他逃好了，……總要為我們西方盡力啊！……努力罷，同志們！……可是，你們如不努力，那我就對你本身要實行軍法的。」

（25）全謝山《鮚埼亭集》卷二十四，《宋蘭亭石柱銘》：「元至元甲午，王俣按越，築祠以祀右軍，又置書院設山長，其後楚人湯垕為山長，復修其祠，並為疏山麓之洿水，重摹石本《蘭亭》於壁，而浚墨池焉！剡源為作《臨池亭記》者也。」

按，垕，山陽人，此云楚人者，謂楚州也。《山陽志》未為垕作傳，僅附其父《炳龍傳》尾一句而已，未免太脱略。謝山所記，未審段翁亦曾輯補否？錄之於此，後當勘之也。又按，剡源姓戴氏，南宋遺民，與謝翱相倡和者也。

（26）《鮚埼亭集》卷三十一有《漢隸字原校本序》一篇，足補吾鄉藝文之佚，錄之於此，異日清繕《考略》時，當補入也。

《漢隸字原校本》者，淮人張亟齋先生所手訂也。先生深於《小學》，其會通自篆而隸，自隸而楷，能得其所以遞變遞省之故，而詳其譌誤之所由。故其言曰：「自隸變篆，以就省。而碑版各家，可以隨意增減點畫，改易偏旁，好異尚奇，貽誤後學。今謹準之《說文》，於《漢隸字原》每字中取一正體，以硃筆標出之；或破體而不背正體者，亦標出之；其雖無當於正體，而近是者，亦點出之；其全譌者，則據《說文》駁正之。庶可鑒別信從。其本碑不誤而《字原》抄變致錯者，亦校正之。始於康熙甲子之冬，至庚午春乃畢。」春朝冬夜，字字攷訂，其用功亦勤矣哉！予讀是書，而嘆斯人識字之難也！

凡先生之說，分列諸部中，一屈一曲皆有意，予不能悉述，試略舉其積溷，而世人之所不曉者，乃知今本六經、三史皆為漢人隸書所誤，不特碑版而已，而是書之所關者重也。漢隸之失，大都合數字以歸一字。（間有分一字為二字者，如槃之與盤，咢之與噩，幹之與榦是也。然分者少，不敵合者之多。）

又或捨本字而就他字，甚者竟代以俗字，沿襲既久，莫知其故。

○先生之論辭字曰：辭乃辭訟之辭，若辤受之辤則從受。而文詞之詞又別焉！

○論懷字曰：懷乃懷想之懷，若褱抱之褱則不從心。而褏袖之褏又別焉！溷用之者，誤也。

○論麟字曰：麟，大牝鹿也。非西狩所獲也。四靈之一乃麐字。

○其論氤氳二字曰：以篆法當作壹壺，而隸法無壺字，故借而為烟煴。又借煴而為緼。若氤氳乃俗字，而絪亦俗字也。

○論雕字曰：雕之為鵰，猶雞之為鷄，本一字。而彫則琢也。今反歧雕與鵰而二之，而系雕於彫而一之，謬之尤也！

○論和字曰：唱咊，當用咊。龢平當用龢。

○其論段字曰：段字得斷音，叚字得賈音，通用者譌。

○論華字曰：古作𠌶，通作蘤。宋齊以前絕無花字，北朝魏齊之交始有之。

○論彊字曰：彊者，弓有力也。強則蚚也，非彊也。

○論憂字曰：憂者，行之和也。𢝊則愁也，非憂也。

○論累字曰：纍纍之纍，省而為累，非積絫之絫也。

○論序字曰：序者，庠序之序。是學名，非次敘之敘也。

○論屮字曰：屮乃象形，於意亦合。若草，則斗櫟實也，別為一字。

○論寢字曰：寑乃寑廟之寑，而寢疾之寢又別焉！不可溷也。

○論气字曰：凡天气、地气之气，皆气也。加米，是氣廩之氣。今妄以氣為气，而加食字以為餼，贅文也。

○論俊字曰：千人之材曰俊。若雋，則肥肉也。从乃弓横體，引弓射隹，故曰得雋，非俊也。今加人於雋旁，通以為儁，謬之尤也。

○論望字曰：朔望之朢，省而為思望之望，不可溷也。

○論倡字曰：倡者，樂也。唱者，導也。後世反而用之，近且一之。

○論捄字曰：盛土於梩之謂捄。讀作鳩，亦作求，若其本音元作拘，非救也。

○論黻字曰：黻者，黑與青相次之文。巿則上古蔽前之皮，其字象形。巿之重文曰韍，非黻也。後世加艸於巿為芾，非也。又改韋作糸為紱，亦非也。但是皆韍之變，而非黻之變。漢人不曉妄用之，致宋之米元章名芾，而通書作黻，其誤也。

○論悳字曰：外得於人，内得於己之謂悳。是悳行之悳也。若德，則升也，非悳也。

先生之所正定者，大略如此。（是書惟所校雖字、靡字、雍字異同，予尚有疑，詳別紙。）世之聞之者或以為怪矣！豈知呼群瞽以證大明，有非口舌所能曉者哉！嗚呼！自古學既絶，考文之治不可復，唐宇三百年，李陽冰而外無繼者，張參輩非其倫也。宋之將興，先有吳之徐鉉兄弟、蜀之林罕、楚之夢英、中州之郭忠恕，其學雖有淺深之不同，而能從事於《說文》以正其本，則同也。自是終宋之世，張謙仲、虞仲房、李巽巖輩，代蜀不絶，元人尚有吾衍，自漢以後，《說文》之學為盛。明世從事於帖括，士習益以陋劣。三百年來力足以紹諸先正者，無聞焉。先生庶幾徐、郭、張、虞一輩，使得進於廟堂，考定石經，其亦足以光文明之盛，而隱約終身。自顧亭林沒後，知之者亦希矣！可勝嘆哉！是書也，嘗歸於王吏部篛林，後歸於吾友施慎甫，今歸於予。爰序之，而使諸生分抄，以廣其傳。

（27）《說文》，大、小徐兩本不盡同。大徐本稱《說文解字》，小徐本稱《說文解字繫傳》。世傳《說文》有宋本，而《繫傳》則經明人變亂而後久失其真。清乾嘉後有得古本者刊以行世，中有缺佚不全，字句亦多譌誤，持較大徐，尚有勝處。

（28）一字條：「大徐本惟初太始，小徐本作太極。」段從小徐作極，但太又作大，何知何本？而「凡一之屬皆从一」，則又用大徐本，與小徐作從者不同。桂氏用大徐，惟从作從為異。段、桂兩家皆意為去取，不名一家。惟王氏此條，全同小徐。

（29）王氏《釋例》：「一之所以為數首者，非曰此字祇一畫即可見一之意也。果爾，則一畫成字者為部首者十八字，列部中二字，何者不可以為一字哉？此即畫卦之單，乃一畫開天之意，故平置之。」按，王說甚謬。一之為數首，乃象 籌之形，自非其餘一畫之字所能代，豈謂一畫開天哉？即令如王之說，然一畫何以開天？開天者何以能為數首？神秘玄虛，莫此為甚。如此說文字，非所望也。

（30）《說文》元字从一兀，或據小徐本，謂應作兀聲，說均未諦。近人陳柱據甲文，謂元下从人二，為古文上字，人之上為元，元者，首也，引歸元、喪元為證。其說較善。然全本戴侗《六書故》，乾沒其名，未免攘善。實則，此說尚有未盡，此應以兀為初文，象人首形。元更从一以指之耳。

（31）《說文》五百四十部，據形系聯，不相雜厠，字書之中為有條貫，然亦不免勉強支離者。蓋字之形體，從橫繁簡，出於自然，非有人預為規畫，而後依之以演述也。故其變化分合，難以整齊畫一，雖以許君之無雙，亦不能使其無少缺憾，轉遺後人之口實。愚故捐去形體系聯之法，用字義分為「天」「地」「人」「物」四類。亦有虛詞不能歸四類者，別立「一」「丶」「丨」「丿」四屬以統之。皆順其自然之勢，擇簡體初文為之領首。孳乳相生，則各以類屬。凡得二千數百餘字。其間先後次第，或取形體之近，或取音義之通，總期讀者易於憭解，庶收明字之功，非敢於許書之外別創新體以自矜異也。茲列表於後，並述其用意所在，世之達者，進而教之，則幸甚已。

「一」之屬文字五十四

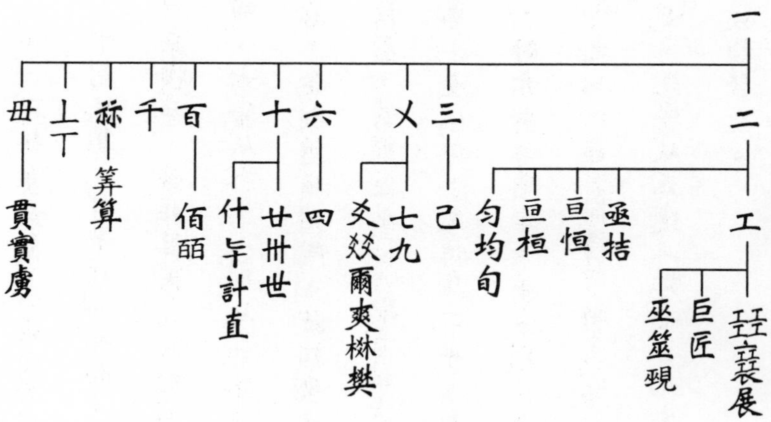
一
二
工
㠭襄展
巨匠
巫筮覡
亟拮
亘恒
亘桓
勻均旬
三
己
乂
七九
爻㸚爾爽棥樊
六
四
十
廿卅世
什𠂢計直
百
佰皕
千
祘
筭算
上
丅
毌
貫實虜

「一」之筆畫最簡，《說文》以之為始，茲仍之。一、二、三皆象積筭形，乂則交籌，十則从籌，百千从一加聲，𠂇為筭籌從横，故以次相系，丄、丅从一以指事，毌以一象横穿，雖非算籌，而形則同，故列於末。

四、六皆从八，八則从二也（說詳四下），故系二下。工、亟、亘、亙、匀皆从二取意，各别結構則同，故類聚二下。㠭从四工，𤩰、展又从㠭，故系工下。工本兼象巨形，舊謂匠从匚，取意稍遠，茲定為从巨，故次於此。巫从工，筮、覡从巫，故殿焉。亟从口，又拮从口手，取意相同。亘之與恒、亙之與桓、匀之與均，皆古今字，句亦與匀同字，故分别系之。

己之《六書》難得確解，以其古文从三而聯之，故系三下。

七、九皆从五變（詳七、九本字下），故系五下。㸚則重五，㸚則重㸚，餘又从㸚，故類聚之。

廿、卅、世、什、𠦃、計、直皆从十，故系十下。

佰、皕皆从百，故系百下。

䇥、算皆祘之分別文，䇥、算後起，祘為其初文，故以祘領之。

毌、貫古今字，實又从貫，故系之。虜亦从毌，不甚可解，姑系毌下。

「丶」之屬文字四十五（震按：計數之，僅得44）

- 丶
  - 主
  - 父甫変苣
  - 火
    - 炎
      - 黑熏墨黛
      - 粦燮燅
    - 焱
      - 熒
    - 光
      - 洸
    - 赤
      - 赫䞓赧
    - 尞昚（慎之古文）尉炙灰炭𦘔盡焚灾𪚺焦烕
    - 熱票庶燹耿
    - 皇王閏

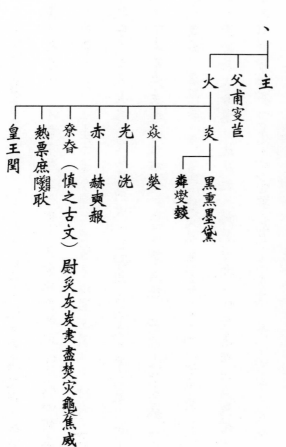

「丶」之筆畫更減於「一」，然不成字，經典無用之者，故許君不列為文字之始。以其从之者多，不能不特立一部。茲亦以其於天地人物四類無可歸，故次於「一」使自為屬。「丶」「主」古今字，故首系以主。父从又持火，主故次以父。甫即父之後起字，故又次之。叜从又持火，苣即炬之初文，甲文象人持火炬形，故又系叜下。「丶」本象火主形，火亦从「丶」，象火花，故以火字系於「丶」之屬。重火為炎，三火為焱。黑从炎，熏、墨、黛又从黑，粦、燮、燅皆从炎。燊从焱，而倒之為變例。光、赤皆从火會意。洸从光，赫从二赤，故分系之。奭與赫，篆文不同，金文為一字，故附諸赫下。尞下十三字，皆从火會意。熱下四字，皆从火別加聲，為形聲字。耿字未審其結體何意，以其从火，故列火下。皇之篆體與火不同，然所从者為古文火，故列此屬。王从皇省，閏又从王，故又坿焉。

「丨」之屬文字四十八

- 丨
  - 中
    - 仲
  - 卜
    - ⿰兆卜 叶 占
    - 用 庸
    - 貞 真
  - 示
    - 社 宗 祭 察 祝 祏 祟 祋
    - 禮 禁 ⿰礻关
  - 士
    - 仕 吉 嚞 壯
  - 亼
    - 合 敆 佮 僉 會 令
    - 今
  - 口
    - 或 國 惑
    - 邑 𨛜 鄉 𨞰 巷 邦 郵
  - 幵

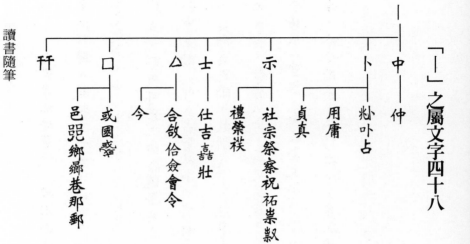

「丨」之筆畫亦極單純，或引而上，或引而下，無定義可指，分之天地人物四類，舉無可歸，故特立一系，以領其餘。

从之之字，中、卜、示、士皆从「丨」，作亼則三合，口則四合，故屬諸「丨」。至於幵字，形無可系，由其體勢觀之，以屬「丨」為近，故以殿焉。仲由中孳乳，故系於中。⿰兆卜、卟、占皆从卜，有屬卜事一類，故歸一系。用、庸自為一系。貞亦卜事，真即貞之譌，故附貞下。社等八字皆會意字。禮等三字皆形聲字，故略區先後。仕、吉、壯皆从士，嚞又从吉，故互系焉。合从亼，欱、佮則合之累增字。僉、會、令皆从亼會意，今之金文不从亼，六書難解，姑附亼下。或、邑皆从口，而各有从之者，略分兩系。从幵之字，多取其聲，故略焉。

丿㇏丿㇏⺄乚

「丿」之屬文字七十三

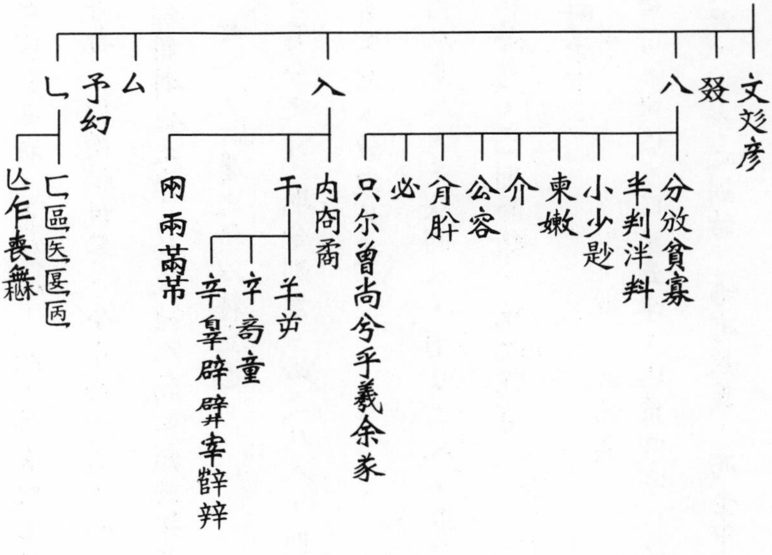

丿等六字，筆勢傾斜曲折，在疑似之間，許君雖各賦以音義，其實皆不成字，以有从之者，故為立部，以便稱說耳。今並為一屬，而以文、叕、八、入、厶、予、乚等七系系之，皆綜錯斜交之字，於天地人物四類既舉無可歸，而又不可系之「一」「、」「丨」三屬，此「丿」屬之所以特立也。

从八之字頗多，自分之介，取分別意。必之从八，則象弓柲，自為一系。只系九字，以八象气，又自不同，故殿於後。

从入者三系，内从正入，干从倒入，㒳从二入，取意各別。

从厶之字，若私若鬼，已別歸類，故此從省。

幻即倒予，故附予下。

乚下分兩系，曰乚、曰亾。乚系五字，亾系四字，說或不同，總系此下。

（32）經典所載，中字之訓詁，略有數義，而金甲文亦有數體。大概中央之中作中，《周禮》諸官言治中、受中皆指簿書，字應作𠁩，蓋即冊字之省。篆隸遂書時誤認為中，遂相沿不可復正。史字从中，亦即此中字。《尚書》「天之曆數在爾躬，允執厥中」，上言曆數，下言執中，則所執者，必是曆家所記之候簿，則此中字亦應作中也。前人江永、章炳麟皆有此說，說頗質實，人多信之者。而近人顧實獨持異議，謂：「金甲文中皆作中从㫃，即㫃字。象陽光倝倝，萬彙生生，咸源於日輪，中之从㫃从○，以環其中，人受天地之中以生，所謂命也。」其說可謂極虛幻之能事。中央之中，乃日用常行最易知之事。古之造文者，自當明以示人，俾人易曉，乃取象天地性命不可知之理，無亦近於惑世誣民邪？顧氏且謂「史之持中，即持此天地之中。舜之執中，亦執此天地之中。」吾不知此倝倝之日光，何以能持執之邪？矜奇立異，而不揆諸事實，轉詆人為童昏之見，何其顛也！中字本應作中，直而不曲，象乘矢中的之形，乃射中之中，其作曲畫，姿媚耳。說者以謂象㫃旗之旒，已失其旨。試思㫃旗之旒，衹能在上如㫃字是也，豈得下部亦有旒哉？顧氏更從此演為日光倝倝之說，愈益支離矣。大概前人多喜深求，多喜玄秘，以為立說高遠，不肯從平實中求真理。顧氏之失，亦正坐此，余故為抉出而糾正之。

（33）前人注《說文》，有甚可笑者。楊模謂：「祘字，見古人布算之精，決非今泰西各國所能及。四橫六直，象觚之形。一與一遇則為二，一與三遇則為四，二與三遇則為五，五與五遇則為十，而盈百千萬億，皆自此推，相綜相互，以至於無窮。凡《周髀》、《九章》所不能包者，約以一字而義無不通，則祘者真布算之樞鑰也。」此其說可謂虛誕極矣！算理萬變，豈一字所能包？即令古算不如後世，而《周髀》、《九章》已多精詣。四橫六直豈能盡之？古人推算，皆布籌策。祘字正象其從橫之形，有何奇妙？而謂泰西所不及邪？意欲誇張，不覺自顯其陋，昔之陋儒，往往如此，亦可唏已！

（34）天類文字四十八

日—旦早晝
昃昆昜
倝乾朝曅景昭昊
昌晉𡭴隙⿸仄日普昏婚
㬥暴
白皛敫

月—霸朔朏朢望
宵
夕外夜

云（雲古文）——侌（霒古文）

气

申—電⿰虫申（虹古文）

畾（雷古文）

雨—霝雪扇

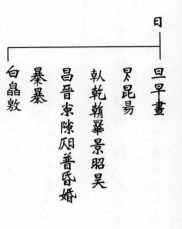

天類獨體初文凡七，日、月、云、气、申、畾、雨。

从日之字甚多，今錄二十六。旦等三字从日以表時。昃等十字从日以表光。昌等从日各有所會之意。意重在日，故系日下。白从日从丿指事，與舊訓違異，故列於末。敫字會意頗不顯，故更殿焉。

从月之字亦甚多，今僅錄九字。霸等五字表月體盈虧。宵、夕表時。外、夜从夕，或謂皆與月同字，故以殿焉。

雲、霒皆會意字，故以其古文為領首。

从气之字頗多，如欠字，然金文多从口，不从气，故不系於气下。

申為古文電字，又為身之古文，而《說文》以為申酉字，今列天類以領電、虹等字。

雷，篆文作靁，許以為形聲，今列畾字為領首。

雨亦初文，从之者甚多，今錄三字。

（35）地類文字一百四十三（震按，計數爲144）

- 山
  - 丘岳虛嵒
- 阜
  - 𨺅陳陸隍阮
  - 𠂤𡵂書
- 氏
- 厂
  - 屵屵危厄反
  - 石磊礦
- 穴
  - 宎窅竆
- 水
  - 囦（淵古文）沙瀕流衍汙砅砅
  - 涇泰潛沽河淮江
  - 谷睿叡叡㕣
  - 攸
- 回
- 川
  - く巜侃𢦏巟邕𡿧甾
  - 泉原𨒪
  - 永𠂢衇

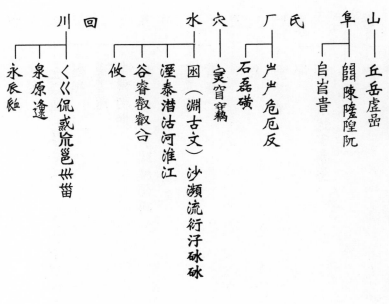

州

仌—冰寒

土—圭垚垕（厚古文）凷坴坒陛隉坤墠重
　—封邦
　—堇壥陘
　—金鑄銜鉛

玉—玨仝班碧寶瑞琥瑁珊

田—畕畫劃里野壥 畞甸
　—畜畟留
　—黃廣

㠯

厽—絫

冂—市夃隺

亯—郭
　—高喬京就畗亭臺

凵—凶兇雚

井—阱穽
　—丹青

鹵—鹹鹽覃

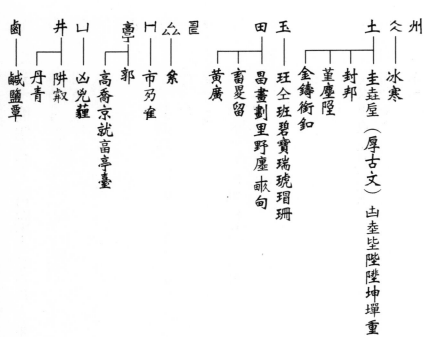

地類獨體初文凡二十，山、𨸏、氏、厂、穴、水、回、川、州、仌、土、玉、田、[illegible]、厽、冂、[illegible]、凵、井、鹵。

从山之字極多，多屬諧聲，不錄。山之古文[illegible]，象三峰。丘之古文[illegible]，象二峰，故系之山下。

𨸏象層巒，𠂤減其一，故分兩系。从𨸏者五字，从𠂤者二字。

从厂者錄五字。石亦準初文，以字形从厂，故系厂下。从之者二字。

从穴者多，今錄三字。

从水者極多，多屬諧聲，今錄會意者八字，形聲者七字。谷等以下皆从水省，故附於後。

川下分三系，一系从川，二系似川，三系分川，凡錄十四字。

許謂州為重川，實是象形，非有所从，故列為領首。

从仌者錄二字。

从土者錄二十字。

从玉者錄九字。

从田者錄十三字。

冂下錄市、央、隺三字。許謂央从丂，古及字。其說難解，改為从市省，故列市下。

高等所从得亯字之半，故系其下。

薶之甲文作 凶、㓾、凶，皆从凵，故系凵下。

丹象井形，故系井下。

（36）人類一文字二百一十四（震按，計數爲216）

人
- 从并
- 从 眾聚聖𠂒
- 仁佞佡壬徵仄丸休坐留匂偞閃囚弔死葬
- 企儒俊伯倭佗何儋
- 儿
  - 兀元完俒
  - 兆
  - 先 兟 兓
  - 冗允秃穨充羌尣
  - 欠欶歆歈次羨盜
- 卯 卿卬夗色𠧪卷
- 尸尺咫屎尾屬屈㞟尻眉屆
- 七老考耄耆旨
- 𠤎（殄古文）
- 比
  - 皆 𩛲
  - 匕 妣牝麀尼䁥卓
- 北—乖桀
- 身躳㐆殷㥯

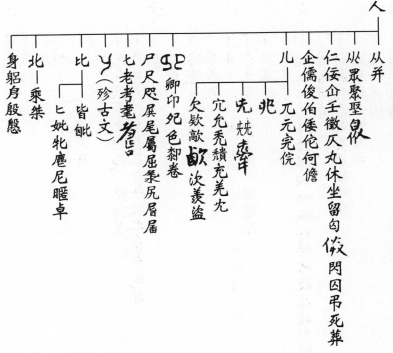

- 大
  - 天
  - 夫 㚘
  - 亦
  - 亣
    - 立 位 竝 普 竦 竦 竭
    - 奚 奭 央
  - 交 佼 絞 要
  - 夨 吳 夭 𡗗 尢 尢𡯌 奊（疑初文）
  - 夷 夾 夾 𡗜 本 奏 臯 夰 昦 顥 奄 奇 夸 㦽 奢
- 子
  - 孕
  - 𠫓 育
  - 字 子 孚 乳 宗
  - 𡥈 教 斆
  - 孝
  - 季 孟 孠（嗣古文） 孫 孼 孤
  - 孨 孱 孴
  - 子 孓 了
- 女
  - 奴 妻 婢 妾 婦 歸 娣 姻 妃 媒 姑 姊 妹 嫂 姪 姨 妿 娒 姎
  - 母 每 毋 毒
  - 好 如 媛 安 妟 委 娛 娭 嫥 殀
  - 㛊 妒 媢 妨 嬾 姅 媿
  - 姦 奸 婬 姘
- 臣
  - 宦 臧 臥 鑒
- 我

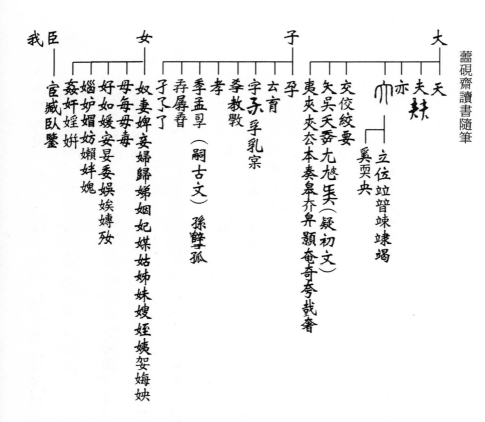

人類一凡錄六文，人、大、子、女、臣、我，皆獨體不可分析，故立以為領首。惟我字《六書》構造難以理解，無可歸附，姑殿於此。

人下更分十二系。二人為从，三人為㐺，各有所屬者，各成一系。仁等十七字从人會意。企等八字从人加聲，各成一系。儿即人字，結體略異，許分兩部，茲別為一系隸人下。欠字篆文从气，金甲文則从口，不同，然同从儿，故系儿下。篆文卩字，金文作卩，亦人字變體。許君則以為節之初文，茲不變易許書，以卩字隸物類，而以卯領从卩之字自成一系，凡錄六字。尸亦人之變體，然从尸者，或以表室屋，取意不同，今以表人者隸此，凡錄十一字。𠤎為倒人，匕又反𠤎，皆系人下。从𠤎者錄四字。無从匕者。比从二人相近，北从二人相背。匕又从比省，取反人之意，又象匕箸形象，匕箸者，別隸物類，以匙字領之，其取意反人者則隸於此。卓之从匕，即从人耳，故殿焉。許謂桀从舛，乘从桀，今訂从北，故隸北下。

大亦人也，天从大，識其顛，蓋即顛之初文，故不入天類，而隸於此。夫、亦皆从大指事，亣即大之變體，交、夨、夭、尢、𡗜皆从大，少易其筆畫以見意，又各有所系，皆隸於此。夷等十五字皆从大會意，或更諧聲，皆大之屬也。

子象小兒形，孕从子，尚在母腹，𠫓从倒子，乃初生之狀。幼須字養，稍長須教導，成人應孝，故分三系。季、孟等六字，或聲或意雜聚為一系。孨从三子，孑、孓、了則从子省，故列於後。

女亦象形，从之者極多，奴等十九字，或會意或諧聲，皆用女之本義，故列於前。毋从女，自成一系。毋與母，古文或通，故坿於下。好等十字从女，皆嘉美之字。媢等七字从女，皆非嘉美之字，故分兩系。姦从三女，其義愈下，故殿焉。

（37）人類二文字二百又四（震按，計數僅得196）

- 囟
  - 兒㐰皃兄党丞兜
  - 𡿺恖謥慮巤
- 百
  - 𩠐道馗県
  - 面靦
  - 頁夏頒頪頫煩頃傾⿰阝頁頛類𩖍
- 目
  - 看見覽覓規臨監艮省相旻夐奪睘睦
  - 䀠𥄎
  - 𥄕𥉂蔑瞢夢㝱寤寐𡪹寑
  - 眉𥃩
- 自
  - 鼻息眉臭齅
  - 白者魯
- 耳
  - 聖聽聲
  - 耴䏌聑聶
- 𦣞
  - 配

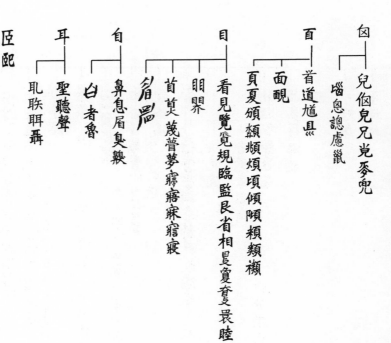

口
- 谷吹加昏周若咠名命可哥古
- 台唐唯咼吾兑咶知智訽召詔含琀
- 吅咢哭
- 喦喿
- 㗊囂嚚器
- 曰
  - 沓𧇭曷曹欥曶𣋡暜
- 舌
  - 䑛舓
- 言
  - 信啻誩詞詹譪討設謳謚
  - 誩競兢
  - 音竟章彰商
- 甘
  - 甛香馨旨甚
- 品
  - 多毁㝵器

丂
- 亐
- 亏吁粤
- 平坪枰
- 号粤

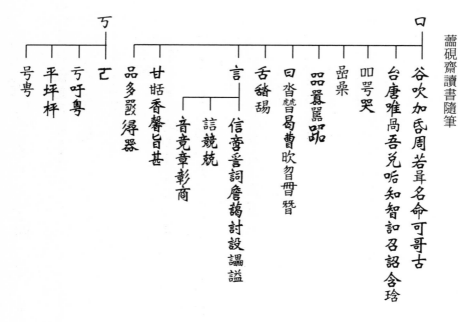

乃——卤

牙

齒齔

函西

冄

而耏

彡須髟㐱

毛毳

𦍌（嗌古文）

亢朘

肩克

呂

𠦂脊

寅

亞惡

人類二所錄者皆形體之字，此類之字甚多。以頭部、背、呂諸名納之此卷，凡得獨體初文二十又三。

囟、𦣻，處地最高，故首立之。目處面上，自處面中，耳處兩側，臣、口處下，以此次其先後。丂、乃非形體，以其象气，故次自、口之下。只、乎等亦象气，以其从八，故系八下，不列於此。牙、齒、𠧪在口內，冄、而在口外，彡、毛散處，故又次於後。嗌、亢承首下，肩又承亢，呂、𠦬、寅以支背，故又次之。亞為惡姿，故以殿焉。

各文所系之字，多顯白易明，不更釋。臨、監从臣，而系目下者，臣與目形近而譌也。眉、[illegible]皆準初文，从目，所以定之，故系目下。从口之字，多用本義，惟品等五字，非从口舌之口，乃借以象器物，故列於尾。𠧪、西皆初文，以同象舌，故類聚之。肩从肉，象形，克从肩省，故次肩下。寅本夾脊肉，篆體譌變無以下筆，應从金文甲文合體象形。亞字，說者紛然，茲從許君象局背形。惡即亞之或體，故以殷焉。

（38）人類三文字二百八十九（震按，計數僅得287）

𠃋（古文肱）

手—拜（或體𢷎）失籒

又—
- 右
- 㕚叉
- 丑杽
- 有羞
- 尹伊君后司
- 寸付軵㝵守寺專將㝵
- 聿聿筆𦘔書肁肅
- 皮叚𡰥𤿎
- 臤賢堅緊掔硻
- 𠬪受辤爰𤔔亂𣪠 辭爭𢀩𠬝𤔣㥯隱 叙寽
- 及𡰥隶眔隸
- 攴牧放敖更便改盩𥁥敗寇𢼛（鞭古文）

殳芟殿段毀毆𣪊殺𣪘
攴
𠬪頍
取最
史吏事
秉兼
圣叔燮囙𡳿尤丈㪅曼度
𠂇左差卑
友
𠬞共拲𦦒與与奉開弇具畁興異𢍏承丞𤼷弄戒奂𡨄塞寒箞爨𡗗
𠂆𠃊關
爪采舀垩爫
臼

丮
𡖿𦥑鬥鬩鬩
䎔𢍁𦊨𦋽䈞𥑸𡈼

心
意態悳惠志憲慮㥁急念患怤忩

匈

胃
菌

彳
復役待徛律建徹𢕼
廴延
亍行衍衙衞
辵進徒徙辺送逸逐逃

夊舛後复麦屐

久

止
├ 足疋胥疏
├ 正乏是政整定
├ 歬武歱走疌疐卸
├ 步陟涉歲
├ 癶　登癹翌
├ 此
└ 夊各咎㐄夅贛

歺骨冎奴叡𡖊列別

肉
├ 冃胖肥肖胤
├ 膚肘肺胡
├ 肴腥昔陏
└ 肙

祖

也
├ 地免㝃[illegible]
└ 匜

壬

辰晨農

勹
├ 包胞
└ 匀冢匊

幺幼玄玆𢆶幽幾畿

人類三所錄者，亦皆形體之字，此類字多，前卷不克盡收，故分四支等字入此卷，凡得獨體初文十又九。𠃋、手、又、丮，上支也；彳、夂、夊、止，下支也；心、匈、胃，皆內臟，故厠手足之間；冎、肉，徹於全身，且、也，處人體最下，故列於後。壬、辰、勹、幺，生人之本，故以殿焉。

中有非獨體者，如匈、胃、祖等，其初文止應作凶；囟且，以形不顯著，故加勹、肉，以會其意，所重在形不在意，故視同獨立為領首。許君訓且為俎，不欲顯違許君，故列且於用器，而以祖代且，與也相麗。包為初文，全體象形。勹象母腹，巳象兒胎，許君以有他字从勹者，故立勹為部首。然他从勹，皆非會腹之意。考之金甲文，多不从勹，則許君誤也。今不違許，仍以勹為領首。

从又之字極多，許君或別立為部首。今分二十五系，右即又之累增字，故首列之。㕚、叉增點以指事，結體略近，故次之。丑亦從手指生意，故又次之。杽與丑音義均近，故系丑下。有从又，持肉；羞亦持肉，結體同意，故列一系。尹、寸、聿，均从又从一，而意各不同，各有从之者，故分為三系。后之从戶，未有的解，或謂即又之省，與君同義，故系君下。皮至秉皆从又，更有从之者，故各立為系。圣等十字从又，而無从之者，故總為一系。ナ乃又之反，故列於後。友、𠬢、𠬪，皆合ナ、又，故又次之。爪則倒又，𦥑又合爪，故以殿焉。

丮象兩手有所持形，故列又之後。執雖丮，乃象兩手箸械，形同而義別。㚔象械形，本不成字，篆文譌變，似从大羊，許君因坿會為訓，殊失造字之旨，故坿系執下，从執之省文，他从㚔者更以坿焉。

从彳之字甚多，略分四系，一从彳，二引彳，三反彳，四增彳。

从止之字甚多，足字一系，正字一系，歬等七字亦从止，別無从之者，總為一系。步、癶从二止，奔从卉，實从三止，故列止下。歰从四止，合為一系。此雖从止，不用足義，故列於後。

从肉之字甚多，今錄十四字。肎等五字从肉，用本義，膚等四字用比況義，肴等四字用引申義，故各别為糸。肙雖从肉，不過假借，故以殿焉。

幺象子之初生，惟幼字用幺本義，玄、幽等字皆取幽暗，蓋幺亦兼象絲縷之形，一字兼賅數義，古人所不拘也。

(39) 物類一文字一百九十六（震按，計數僅得195）

冂
- 冂 壴冢
- 冃 冠冒冑冕
- 冥 瞑
- 冤

巾
- 佩帶帥帛飾
- 市
- 㡀 黹
- 布 尃博

匹

衣 初表袁卒裔

求

衰

丏𡧍賓殯

襾

几凥居処凭

牀
- 疒疾瘚瘧疫
- 戕斨

𠩄（古文席）㐁（古文宿）夙

因

糸
- 系係緜縣
- 繭經素索綏維緐纍縱
- 絲綈聯繼㬎
- 𢇇𢇍斷𣃔

宂（古文終）冬

丩糾𦀚句鉤拘笱

互（古文笠）

鼎

鬲𩰫𩱧鬳𩰲羹鬻𩱳釜融

且俎

豆梪巺音饗亯章孰

豊豐

壺壹壼

勺

匙

爵

彝

斝

卮

酉酒酋奠尊莤酎醢醬醫釁飲酣

斗升料斠斝

午舂

臼臿臬毇臽陷窞

凵

良量

冓再爯

宀
- 向宮家室宋官宕
- 寢營𤇾宜誼害

广庫庐

笧（古文次）

屋

㐭稟亶啚嗇

倉

舍舒

門
- 戶启扇庯
- 閒閑閉
- 卯

囱

囧朙婁

壺

瓦

物類字多，分為四卷。前兩卷為器用，後兩卷為動植物，器用又分衣服、飲食、宮室、舟車、音樂、兵戈、雜用七項，前三項合一卷，後四項合一卷。

衣類獨體初文錄十六字，冖、巾、匹、衣、求、衰、丙、襾、几、爿、盾、因、糸、宑、丩、互。

中有衰、因，疑非獨體，然衰本以[illegible]象形，嫌其與冄無別，故加衣定之。因即茵之初文，亦象形字，許謂从口、从大者誤。

牀之初文應作爿，許書不載。然从之者多，必傳寫脫佚，今不輒補，以牀為領首。丙、襾，非衣，而取象於蔽覆，有類於人之衣着，故雜此中。宑、丩、互，與絲繩有關，與衣為近，亦坿焉。

食類獨體初文錄十八字，鼎、鬲、且、豆、豊、壺、勺、匙、爵、彝、豎、卮、酉、斗、午、臼、凵、良。

中有匙、彝、良，疑非獨體。

匙，是形聲字，本應立匕字為領首，以許訓匕為反人，不欲違許，已系人類，故此處以匙代之，匙與匕本轉注也。

彝，象鳥形，非有所从，許說似誤。良之古文目，象米囊，譌作良，許遂說為形聲，今皆訂正。

宮室類獨體初文錄十三字，冓、宀、广、㐭、屋、亩、倉、舍、門、匋、囧、壺、瓦。

(40) 物類二文字一百五十八

舟俞朕服履般

方旁

几風同

車——輦連琿轡單轢軍轟
　└軎轂

樂

龠

虡

豈喜尌鼓鼓彭豈

業

殸（籀文磬）

琴瑟

筑

臾（古文簣）

戈戟伐戍戎截𢦏戣

矛

戊戌咸威成

斤兵庚析折斬鏨

刀刃刅刪利解則刵劓刖劉刺刲劍

耒

弓弦引㢮（彈或體）弢弜弗𢎅發

矢䠶矦（古文矦）𥏫傷

盾

㫃於旂族旅旋

勿

皿簋簠盇葢盟益盅血盥盈

曲

匚匡区（古文柩）
甾畚盧
缶匋䍃盬
宁
囟（古文箕）
帚埽侵
彗
𠦒棄糞
网——羅
罶罧罘罟
罷詈罸
畢
率
局
冊典扁侖柵𠕋
丌畀巽顨選
乂
弋式
絲
丁
卪
壐

舟車類獨體初文錄四字，舟、方、凡、車。舟下所系，兪、朕、服用舟本義。履、般用舟借義。許訓凡為最括，似非舟類，今訂為帆風之初文，故次於此。

音樂類獨體初文錄九字，樂、龠、虡、豈、業、殸、琴、筑、臾，中有非獨體，然皆有不成字之部分，固為初文。許訓蕢為艸器，茲訂為擊壤之壤，固是樂器，且有古文臾為象形者，故次於末。

兵械類獨體初文錄十一字，戈、矛、戉、斤、刀、[illegible]、弓、矢、盾、㫃、勿，石器時代重用斧戉，形製不一，故有戉、戊、戌之異文，後世別其音義，其實一字耳，故合為一系。勿雖非兵類，然亦旌旂之屬，故次於後。

雜用類字更多，茲錄獨體初文二十二字，皿、曲、匚、[illegible]、缶、宁、囟、帚、彗、𠦒、网、畢、率、局、冊、丌、乂、弋、[illegible]、丁、冃、壐。

（41）物類三文字一百九十二（震按，計數得193）

- 艸
  - 屮屯春芬
  - 卉茻莽莫
  - 茲滋孳蓐薅芻犓苗
  - 蓏蒐藕萍藻茉萑荔葛蒿
  - 㞢
    - 生甡姓產隆甤毒
    - 羋先 㞷往帀

才在存

耑敚微

長肆

出

甲

乙

民氏氐

丵叢業僕菐對

齊劑

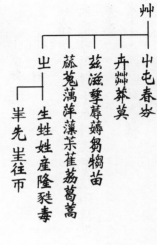

丯
- 耒莱耤
- 力筋男勞劫劣劦
- 㓞栔契

竹
- 笱笙等籍笵笑
- 支岐

木
- 林無森圞（古文囿）
- 本末朱朩片杲杳東
- 朵果某巢朿棗棘桼禾積
- 東櫜槖囊橐
- 困桀臬枚梁柔亲梓染
- 未[illegible]制
- 彔剝

叒桑

禾采秀稻種年黍科秦黎秋囷秝歷

來麥

米
- 粉黺[illegible]康糴
- 鬯鬱鬱

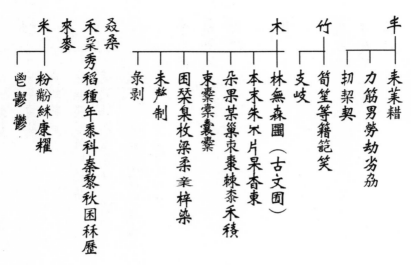

皀即食飲飧滄餽養

朮

赤荅

韭韱

𣎵

林麻𢻶

米𣎳孛南

瓜𤓰

㞢

𠌶華曄

𠂹垂

弓号甬

舜

毛

帝

卣栗粟

叀

植物類字凡錄獨體初文三十二字，艸、才、耑、長、出、甲、乙、民、丵、齊、丯、竹、木、叒、禾、來、米、皀、朮、尗、韭、朩、瓜、岦、𠌶、𠂹、弓、舜、毛、帝、卤、㽕。其中有長、𠌶、舜、帝、㽕，疑非獨體，然「長」實全體象形，象艸木生長之狀，篆文誤似从亡聲。「舜」亦全體象形，象連花糾繚之狀，篆文誤似从舛。「帝」象花萼，有金甲文可證，許誤謂从朿聲（許謂𠌶从𠂹亏聲，然金文作𠌶，全體象形，固是初文。）「㽕」乃由之累增字，應以由為初文，許書不載，而从由之字甚多，茲不輒增，即以㽕代由，而坿諸一類之末。「屮」與「艸」本一字，而有䌛簡，乃首系艸下。㞢、生、丰、先、㞷，亦皆初文，其結體與艸同意，故歸一系。許謂敳从豈省，徐鉉糾之，謂應从耑省，茲從之。「氏」與「民」同意，皆象艸木萌芽，亦應系民下。許訓山厓，別是一義，已列地類，故以氏、氐系民下。「丯」本象艸蔡，耒字从之，用其本義。「㓞」字从之，則象剖符，一字兼兩形，古人不以為嫌，故以㓞、栔、契三字系丯下。「力」乃耒之初文，耒會意，力象形，而世引申為筋力義，失其本旨，猶賴甲文可以證知，故系耒下，以明其源流變遷之迹。「攴」从半竹，故系竹下。「彔」象刻木，故系木下。从𠂤之字，金甲文多作，即豆之變體，宜併豆下。茲不與許立異，仍與米麥相次。朩、苔字形相去頗遠，實是一字，朩為初文，苔屬後起，故次苔於朩下。𣎵朮同體，而一實一虛，附虛於實，故以𡳿列𣎵之次。

（42）物類四文字二百三十三（震按，計數得235）

虫
- 虺蚰蝨蚤
- 蟲蠱蝨
- 螟蟘蟊雖蜡蜀蠲蝯蜉

它

巴

己吕矣

龜

黽蠅鼉

禹禼萬蠆

易

魚鱻鮮

丙

卯

龍

貝貝貝嬰貞員負贅買賣贊責賣 貴貸賴質

鳥鳴梟雁鷄鳧

烏焉舄

隹雔雥集雧隻雙雀奞奮奪矍翟霍萑蒦巂雁雚舊隼雋雇雞離

朋

燕乙孔

羽
- 㐱翏翁習扇
- 弱
- 飛非卂尼

西

不丕否音

至到致

禽禸离離

獸嘼

角觲觱衡

釆宷悉

番

革

韋韓

弟罤豑

師

虎虍虔彪虐號虤贙

豸豹

兕

鬼甶禺鬽畏愚

夒夔

能熊羆𣎆

鹿麤塵麗慶

鷹薦灋

象為

馬驫 馵⿱馬廾⿱馬巾罵闖馭

牛物牟牽蚩壹牢犂犀犖犛氂旄牡

羊

羋丫 群羴羼羍羔羸羌

美善義苟敬

犬尨肰猒吠戾伏突友猋狧獄狄

莧

兔娩⿱兔兔兔㲋

鼠竄

豕豚豖豦 豢象希彖彘彙彑圂⿰豙比

亥

動物類字極多，凡錄獨體初文四十又九，更分三類，一蟲魚，二鳥，三獸。以蟲為首者，上自人禽，下至蚰豸，皆得名蟲。且依近世生物學家所考證，世間生物亦先有蟲魚，進而有鳥獸，最後有人。故動物諸字，往往从虫會意，便以此也。其後虫為虺義所專，殊非造字之本旨。故立虫為領首，以領蟲魚諸字。而鳥、獸二類次其下焉。蟲魚類錄虫、它、巴、巳、龜、黽、禹、易、魚、丙、卯、龍、貝，凡十三文。

鳥類錄鳥、烏、隹、朋、燕、羽、西、不、至，凡九文。中不、至二文，頗有異說，謂不象萼，謂至象矢，則不應系鳥類。然此兩字，自許君說解後，已成丹青，不可遽易，且其說不必即誤。兩義可並存，故仍隸此間。

獸類錄禽、嘼、角、采、番、革、韋、弟、師、虎、豸、兕、鬼、夒、能、鹿、廌、象、馬、牛、羊、犬、萈、兔、鼠、豕、亥，凡二十七文。獸類而首以禽字者，禽本指獸，故字从内，後移指鳥，非其本義。師本訓眾，列於此者，眾義不顯，似是後起之義。茲訂以師、虎為本義，頗違舊詁，亦採諸通人，非憑私臆。亥、豕古文同體，本屬一字，故次豕後，為全書之殿。

《說文》始一終亥，本書同之，聊示不違許學之意。

（43）以中國帝王而受辱夷虜者，前有懷、愍，後有徽、欽。徽欽之禍肇於石晉，然出帝時已先蒙其難，嵩德光南下據有中原，既而虜重貴北去，遷之黃龍，展轉遼陽、建州之間，不遑寧處，后妃子女備受屈辱。事詳《五代史記．家人傳》，歐公所取，殆屬可信。徽欽之事載在《竊憤錄》，相傳以為辛棄疾撰，世疑其偽。然契丹、女真同屬犬羊之性，其虐遇俘奴，殆不可以人理論。出帝之事，既見採於歐公，則阿替計之說豈必盡誣。是則燕雲之割，貽患近五百年，敬瑭之罪通於天矣！

（44）後唐莊宗以孔謙為租庸使，謙無他能，直以聚斂為事。莊宗初即位，推恩天下，除百姓田租，放諸場務課利欠負者，謙悉違詔督理，故事上所賦調下觀察使行之，而謙直以租庸帖調發諸州，不關觀察，塞天下山谷徑路，禁止行人，以收商旅徵算，遣大程官放猪羊柴炭，占庇人户，更制括田竿尺，盡率州使公廨錢，天下皆怨苦之。明宗立，斬謙，遂罷租庸使額，分鹽鐵、度支、户部為三司，後即五代三司，使任天下錢穀。宋代三司蓋始於此。而謙之掊克百姓，至於此極，古今一概，亦可唏已！

後唐李嚴使蜀，宋光嗣宴之，問嚴曰：「契丹日盛，可無慮乎？」嚴曰：「契丹之彊，孰與偽梁？」光嗣曰：「比梁差劣爾！」此當時人公論，是契丹之憑陵中國，其關鍵全在燕雲耳！

（45）後唐廢帝時，劉延朗、房暠為相，延朗專任，受賄賂，暠不能爭，飽食高枕，每議事，垂頭陽睡不省。及晉兵入，延朗以一騎走南山，過其家，指而嘆曰：「吾積錢三十萬於此，不知何人取之！」遂為追兵所殺。觀於此事，則貪官之下場可以鑒矣！

（46）《劉延朗傳》有相里金者，為隴州防禦使。按，《莊子・天下篇》謂墨子弟子有相里勤，此相里金豈其苗裔邪？近世未聞有此姓，吾意前世複姓，每省為單，則相姓或是相里之後，未必皆夏后相之裔也。又墨子之姓，相傳為墨台氏之裔，後世亦不少概見，說者以為疑。吾在上海中正中學有女生墨文娟，是墨姓未絕於世。然詢其家世，亦不能詳也。

(47)《新五代史·一行傳》凡載五人：

一、鄭遨，字雲叟，滑州白馬人。少好學，敏於文辭。唐昭宗舉進士，不中。見天下已亂，欲攜妻子俱隱，妻不從，乃入少室山為道士，妻數以書招之，輒投於火。與李振故善，後振事梁貴顯，欲以祿遨，遨不顧。後振得罪南竄，遨徒步千里往視之。聞華山有五粒松，脂淪入地，千歲化為藥，能去三尸，因徙居華陰欲求之。與道士李道殷、羅隱之友善，世目為三高士，遨種田，隱之賣藥，道殷釣魚以自給。節度使劉遂凝遺以寶貨，不受；唐明宗、晉高祖各以官招，皆不起，賜號為逍遙先生。天福四年卒，年七十四。遨好飲酒、弈棋，時時為詩落人間，人多寫以縑素，或圖其形於屋壁，其迹雖遠，其名愈彰焉。

二、張薦明，燕人也。少以儒學遊河朔，後去為道士，通《老》、《莊》之說。（晉）高祖召見，問：「道家可以治國乎？」對曰：「道也者，妙萬物而為言，得其極者，尸居衽席之間，可以治天地也。」高祖大其言，延講《道德經》，拜以為師，賜號通玄先生。後不知所終。

三、石昂，青州臨淄人。家有書數千卷，四方之士多就昂學問，食其門下者或累歲，昂未嘗有怠色。昂不求仕進，節度使符習高其行，召以為臨淄令。監軍楊彥朗諱石，謁者更昂姓曰右，昂趨庭責之，彥朗大怒，昂即解官還家，語其子曰：「吾本不欲仕亂世，果為刑人所辱，子孫其以我為戒。」昂父亦好學，不喜佛。父死，昂於柩前誦《尚書》，禁其家不可以佛事汙吾先人。晉高祖時詔求孝弟之士，群臣以昂應，召見，以為宗正丞，遷少卿。出帝極諫不聽，乃稱疾東歸，終於家。

四、程福贇，不知其世家。為人沈厚寡言而有勇，少為軍卒，以戰功官至奉國右廂都指揮使。開運中，契丹入寇，出帝北征，奉國軍士夜縱火，欲為亂，福贇身自救滅，亂不得發。福贇不欲以小故動搖人心，因匿其事不以聞。或利其去而代之，因誣福贇同謀，贇不自辯，遂見殺。

五、李自倫，深州人。官深州司戶參軍，六世同居，天福四年旌門閭。

（48）寢其事不行曰格，初以為阻格之義。頃讀《新五代史・伶官傳》，「因格其命」，格下註音閣，乃知此字取閣置之義，同音假借也。

（49）或問店字，《說文》所無，其音義之淵源如何？按，此字已見《段氏注》，謂即坫之俗體。段說是也。陳氏《禮書》坫之別有四：一反爵之坫，二奠玉之坫，三庋食之坫，四堂隅之坫。其形制方所雖有不同，而同為庋閣庶物之用，皆壘土作短垣，曲折三面，板覆其上，故可庋物。商賈列肆亦以之陳貨待沽。上世墟集露處即名之曰坫，後世商賈漸有定居，因别造店字為之。今肆中櫃枱高可及胸，以木為之，即坫之變形也。崔豹曰：店，置也，所以置貨鬻物也。得其實矣。

（50）《說文》土部：「垎，水乾也，一曰堅也，从土，各聲，胡格切。」按，此與涸當是一字，兩字同為水乾義。又訓堅者，涸从固，自可有堅義也。格从各聲，胡格切即是胡各切，其音讀正與涸同。而諸家注許，皆未有為之會通者，何也？

（51）《說文》：坿，益也。「附，附婁，小土山也。」經典多通用，而專究《說文》者，謂兩字異義，通用者誤。然附婁亦作培塿，其本義亦由坴土引申，與坿益義甚近，自可通用，不可謂之誤。大概專家之說，多固而不達也。

（52）《說文》：「陘，耕以臿浚出下壚土也，之少切。」吾鄉濱河，累世衝決地面，土磽薄生鹹，不可耕植，數尺之下乃有黏土，肥美異常，農浚出之，費力甚勞，而收穫可倍，名曰翻鹹，一曰抄地。翻乃通語，而抄音正作之少切，蓋即陘字也。不意俗言正合雅訓，知古語之存於世者尚多，特無子雲、太炎留意搜輯之耳！

（53）今俗罵人妄語曰胡嚼，曰嚼舌根。嚼字無義。《說文》：唊，妄語也，从口，夾聲，讀若莢，古叶切。正與俗語音合。前在六師，同人某君，嘗以俗語難人，一日語余，曾以茶壺務子問先祖父，先祖父舉《詩經》「遂廡大東」之「廡」為應，某不之信。愚按《說文》：幠，覆也。與先祖父所舉正合。某君俗學，不通聲音義訓，如何能了此邪？

（54）道路濘泥，滑不留足，吾鄉謂之一跐一滑。胤兒作日記，問跐字如何寫？余一時未得正字，即舉「足旁此」應之，繼思此字正應作「蹉」，从差聲。今讀差等、參差，皆作「彳」音，與俗語音義均合也。

附錄

（1）一九二七　民國十六年丁卯初夏

右《李長吉詩》一卷，凡六十六首。丁卯初夏，余假居無俚，得戚黨敗篋發之，有詩若干卷，辰翁評本在焉。籀讀一過，奇芬溢齒，亦有難了者，輒簡其可知，錄存座右，以供不時之翫。前人評點，酌採一二，不能備也。說者以謂長吉詩苦澀多鬼氣，今讀之，覺其體物之妙，運思之精，趣深格古，而未嘗不見於自然。託諷時事之作，兄弟朋友之篇，忠誠怛惻，三致意焉。偶有寓意深遠，後人不得其所指，遂謂為苦澀，不亦謬哉！夫長吉以王孫遭讒被譏，淪滯早夭，其牢騷抑鬱之情，一發於詩，謂多鬼氣，蓋無怪矣。獨惜其以慧業之士，不克紆青紫於當時，又遭投溷之厄，篇什不傳，僅得傳又播譏謄謗於世俗之口，何其不幸也！世之學者得長吉詩，時一諷誦，亦足以滌蕩塵氛磨礱俗骨也已。

（2）一九二八　民國十七年正月十日

右《淮上四先生詩鈔》共一卷，山陽吳揖堂所選錄。原集既佚，此本亦未嘗付刊，世間絶少知者。余友吳君君勉，揖堂先生後人也。藏有其先世手抄稿本，假歸迻錄，以寄景慕，並裒集四先生事蹟附諸卷末，為讀書知人之助。鄉賢遺集，敢不珍愛，刊布流傳，望諸有力。

此書光緒《山陽府志》曾著錄，名《射陽四先生詩選》。又記。

（3）一九二八　民國十七年戊辰中春

（a）右《南園吏隱詩存》一卷，吾邑蒲快亭先生忭之所撰也。先生以名進士遨遊公卿間，聲名徧及天下，上達宸知，而卒無所遇，以教官終其身。先生雖窮困蹭蹬哉！而詩酒豪情，登臨逸興，老而不衰！讀其遺什，想見奮髯抵掌之狀。然亦以沈滞冷署，不能忘情宦達，乏嗣之戚，又難遣心曲，未克恢皇放恣，造極幽眇，卓然成一家之作；抽毫酬答，雍容矩矱中，雖未足與枚叔父子、張宛丘後先比並，然與同時諸公，若雨峰、船山輩工力，未克多讓也。嗚呼！淮壖小邑，人才廓落，偶有奇士，曠千載而一遇，天又故抑之，不使盡其才，不亦唏哉！

余生先生百年之後，緬仰先賢，末由見矣！求其遺詩，僅存近體一卷，刊版又久燬，葆存而流布之，吾儕之責也！因假萬氏藏本，錄藏篋衍，以俟好事者刊焉。

（b）先生之墓志銘載《實事求是齋集》，今從徐庶矦先生處迻錄得之，文字俗冗，不及《縣志》所載傳，惟世系生卒為詳耳。

（4）一九二九　民國十八年十月二十日

右《孫氏琴況》一卷，吾邑孫問津先生之所撰也。當清嘉慶道光間，邑中賢達之士，有汪式齋、蘇高坪及先生，皆篤老碩學而各有專精。汪氏長於《三禮》，蘇氏長於《易》，先生長於琴。蘇氏著《周易通義》，既梓行，邑之故家，猶有藏者。汪氏著書尤多，而更歷歲時，遂尠傳本。先生殫心律呂之學，著琴學四種：曰《琴鵠》、曰《琴旨補正》、曰《琴譜》、拙存曰《琴況》。其序《琴旨補正》曰：《琴譜》率以大小分吟猱，至吟猱之上下，則以綽注別之，亦未逐一註明，惟為憑指下約略計取，漫無定則。此關音律之陰陽順逆，非如左右手之指法，但取節奏鏗鏘已也。王氏《琴旨》，主以上下分吟猱，在徵之上取音為猱者，不拘位分，惟在徵之下取音為吟者，則有一定之位，而不可易焉。凡曲操以一音立體，以立體之音所生者為用，又以為用之音所生者相續為用；相間於立體為用、相續為用之中，取用吟之位極有定亦即無定，而有定移宮換羽，消息微茫。

《琴旨》一書，辨論音調極精當，惟取《定位》及《變聲清聲辨》、《五音以宮聲為本論》等篇，前後條例互有齟齬。反復契勘，悉為條陳而詳辨之，名曰《琴旨補正》，以質知音。其後山陽汪文端代為梓行。

《琴況》一書，則其弟子楊雲書所刊。餘二書，未聞付印，稿亦不知尚存人間否？即已刊者，其流布亦不廣。余於表弟萬泉生家，覩有《琴況》，為之欣喜，因從叚閱，以其卷帙甚少，不難鈔錄，而悠忽嬾怠，竟未著手。會以事機重來揚州，是書攜閣行篋，遂及二年，久叚不歸，人雖不索，能無慚赧！今秋課業多暇，所居南樓地幽靜，獨坐北窗下，於鈔書最宜，因竭三日之力鈔畢，為之一快。

泉生者，松巢先生之曾孫。松巢先生即為此書撰跋之人，故藏有此書。泉生能寶愛先生之遺，勿使散失，亦可嘉矣！

《縣志》稱問津先生削面長身，道氣充然，隱悳卓異，渺與俗異。所居蓬蒿翳蔚，惟閻鶴雲、嚴光裕、邵謙與先高祖畏堂公諸人至，款扉逕入，興盡散去，皆當時清悳之士云。

（5）（a）一九二九　民國十八年十二月二十八日

右《清河疆域沿革表》一卷，蕭枚生先生之所撰也。向讀《縣志》，知有是書，求之不得，私心每以為憾。前歲嘗於萬泉生齋中見之，匆匆未及叚錄。政變後緟來揚州，徐庶侯先生有鈔本，因從迻寫。殘冬風雪，呵筆校書，亦旅愁盤結中之一樂也。

當遜清嘉道之間，邑乘疏謬，高山馬頭，俗語丹青，先生深恥之，撰輯此表，以明限斷。其後魯通甫先生緟修《縣志・疆域》一門，全本於此。疆域明而後人物職官之考訂乃有所準，則魯《志》以精寀偁者，蓋亦有資於此乎？

縣之南部，淮陰舊壤，其沿革固已大白，北部猶闕略弗詳，且角城、泗口所主不同。蕭氏設四證，而魯氏四難之，其詞盈千，然所爭辯在詞氣之間。古文簡質，兩解皆通，未足以平亭其果為孰當。然蕭氏之證角城之在泗口也，別引《縣道記》角城舊治在淮水之北，泗水之西，亦謂之泗口城。魯氏匿而不引，何哉？不讀此表，無以知蕭氏之所據矣！自角城省入宿預之後，清河設縣之前，其間數百年變遷之狀，表未及詳，魯氏亦置之不論。鬱疑莫釋，不其憾與！余迻錄之暇，旁稽史冊，參伍詳覈，冀明往蹟，而賤性顓愚，難於冰釋。同邑張煦侯，嫻諳鄉邦之掌故，時同客揚州，比户過從，相與批郤導窾，啟益神智，而後知角城、清河之間建置移徙，尚若是其煩也。

按淮陽之省入宿預，在貞觀元年，至長安四年，割徐城南界兩鄉，於沙熟淮口置臨淮縣《舊唐書．地理志》。淮口即小清口，此當兼言割宿預東界，史略之耳。臨淮即角城故地，以置於淮口知之。此一證也。

唐臨淮屬泗州，泗州領縣三：臨淮、漣水、徐城。漣水在縣東，徐城在縣北，以地望考之，臨淮正清河北部，角城故地。此二證也。

《金史》臨淮鎮四：安河、吳城、青陽、翟家灣。安河、青陽在今泗陽境，吳城則正在清河西北，宋嘗置縣，旋廢為鎮，至金而屬臨淮。此三證也。

然臨淮嘗數徙治：開元二十三年移治郭下。（見《舊唐書》，唐時臨淮屬泗州，此郭下謂泗州也。《舊唐書》又謂：泗州於開元二十三年自宿預移治臨淮，同年州縣治俱移者，蓋縣移而西，州移而東，遂同城也。按：樓鑰《攻媿集．北行日錄》：「乾道五年十一月二十四日出淮，三十里至盱眙，二十九日渡淮至泗州。」宋時泗州與盱眙對岸，正在宿預泗口之間。當即開元二十三年所移治，至宋猶未更也。）其舊治遂為徐城縣所移就。（《舊唐書．地理志》，徐城漢縣，隋為徐城，縣屬泗州治，大徐城開元二十五年移就臨淮縣。按：臨淮縣本在淮口，既移治郭下，後二年，徐城遂移就之也。）於是，淮口又屬徐城，徐城舊治（即大徐城）遂廢為驛。宋建隆三年廢徐城（《宋史》），地入臨淮。景德三年而臨淮又移治徐城驛。（《文獻通考》：臨淮唐縣，景德三年移治徐城驛。樓鑰《北行日錄》：「十二月一日車行六十里，臨淮縣早頓，縣有徐城，本徐國嬴姓有徐君墓，季札掛劍之所。」蓋景德三年，臨淮移治，不復在泗州郭下，昔之徐城遂為臨淮所有。惟其治所，去盱眙六十里，當不及清河耳。）其後，宋置吳城，旋廢為鎮，全以之屬臨淮。（此為蕭氏表所徵引，不復詳列。）是清河西北境，當宿預之後、清河之前，為臨淮、徐城所迭治，史籍所載，不難推究，而前人持慎，猶不肯輒斷，亦太過矣！（《明史》，鳳陽府有臨淮縣，元曰鍾離，洪武初改曰臨淮。蓋其時宋元以來之臨淮已省入泗州，故鍾離得冒臨淮之名，非唐所立之臨淮也。）鈎稽明白，為之快然！附綴表末，以釋疑滯。考里閭者其或有取於此也。

(b) 一九三三 民國二十二年癸酉一月三十日

前年從萬氏借得刊本，攜閣行篋，匆匆未及取校。頃從南樓遷居北樓，整頓書物，發現此冊，追念前塵，百感交集。呵凍覈對，訂其譌脫，以補數年疏嬾之咎，亦自快也！

萬氏藏本與徐氏抄本文字頗有異同，萬藏本又無張井序及卷末三書。此表殆不止一刻，萬氏所藏為初刻本，而徐氏所抄乃據重訂本，故多少不同如此，余皆得寓目，何其幸邪！

世有風雅好事之士，重刊此表，當以余所錄為完備矣。

(c) 一九三四 民國二十三年甲戌四月十一日

今年春，煦庚於里中故家得此表重刊本，雖頗多蠹敝，而刊印精好，遠過萬氏所藏，殆即徐鈔所出。因復比對一過，以朱筆補正，余於此書亦可謂勤劬也已。

（6）一九二九　民國十八年十二月二十八日

（a）右《楚州使院石柱題名記跋》一卷，淮陰蕭枚生先生之所撰也。《縣志》載先生所著書，有《清河疆域沿革表》一卷、《淮榷志遺》二卷、《寄生館集》十二卷及此跋凡四種。余既從徐庶矦先生許叚得《沿革表》，錄而藏之，庶翁處亦有此跋，因並錄存。庶翁所藏，係鈔本，書手庸劣，譌脱累累。余既以意訂補若干字，其疑而不得正字者，仍存其舊。萬泉生家藏有刊本，他日當借校也。

（b）楚州石刻，以唐題名石柱為最古，而諸金石譜錄無載之者，至蕭氏始拓而考之。其後山陽范以煦亦有撰著，聞羅氏為之刊布。余求之數年未獲，未知與蕭氏何如也。頃讀《湧翠山房集》，知黎川黃峴亭別有《考訂》一卷，踵蕭、范兩家後，當更有補苴精進之語，未審有無傳本。區區一石刻，而考者三家，子上先生謂，古人不苟。且一官人亦樂考其家世。後世官民相疾，去則恐人指數，故無復有刻石者。其語可深長思也。

（7）（a）一九三一　民國二十年八月十日

右《燕子龕詩集》一卷，蘇曼殊之所撰也。曼殊宿慧過人，早丁艱屯，幼而精研英吉利語，造詣甚邃，中土文字初未有得。居日本時，以其譯才，與革命諸子相周旋，得識陳仲甫、章太炎輩，受其薰習，遂能為詩歌說部。曼殊才既秀逸，愛友若性命，不諳世故，稱情而行，每自言有難言之恫，殆其家國種姓之見，剌謬於心，無以解脫，遂縱恣不自惜，卒以奇才而早夭死，哀已！

以曼殊之才，所造誠難窺量，特撰述多未就。若《梵文曲》者，可謂鉅製。讀太炎、申叔諸序，知屬稿已具，今搜遺著者，徒知寶其康瓠，於此書未聞刊布，輕重倒植矣！曼殊死後，其遺文行世者凡數種，柳无忌編《全集》本最備，然瑕瑜雜陳，可棄者多。前人每自刪定，正懼後來嗜痂者多，轉足為累也。

大氐曼殊撰述以譯詩為最勝，善能斟酌於直譯、意譯間，惜雜以僻澀字，點其美質。或云此太炎潤飾，非曼殊本爾也。其自撰詩較遜譯詩，亦清麗可誦，殆師法定庵絶句者，每未能脫前人窠臼，亦或全用舊句。此殆限於年齒，工部所謂「老於詩律細」也。筆札時有雋妙，已非盡善。說部惡染尤深，上者僅比唐人傳奇耳。造詞作態，違離情實，惜乎！不作可也。

頃以暑休家居，霪雨浹月，淮沂並盛，鄉國盡淪，城外水爭入市，居民擾攘，日聞惡息，愁嘆而已。從友人假得此集，把玩寫憂，因錄存其詩，志一時之興感耳。

（b）曼殊交遊，盡當時名士，詩中所見可考者：末公，謂章太炎，別號末底也。曠處士者，太炎弟子，黃侃季剛也。湯國頓與曼殊相識於蘇州，或云，即湯覺頓，廣東人，死於民國五年海珠之難者。晦聞，黃節字，順德人。諸宗元，字貞壯，號真長，紹興人。均與曼殊識於國學保存會。柳棄疾，字亞子，吳江人，嘗為曼殊撰《傳》。其子无忌，為編《全集》。劉三，字季平，上海人，曼殊在日本習陸軍時同學之士。鄧蓺孫，字繩矦，懷寧人，與曼殊同事於皖江中學。法忍，曼殊之僧友也。曼殊無親昆季，詩中有仲兄及玉鸞女弟者，謂陳仲及其女弟子也。陳仲，字仲甫，號獨秀，懷寧人。玉鸞，無考。

外人譯名亦多異音：丹頓，今作但丁。師梨，今作雪萊。裴倫、拜輪，皆即擺倫也。

（c）前集既錄就，繙至卷末，尚有補遺一首，即抄於此：

集義山句懷金鳳

收將鳳紙寫相思，莫道人間總不知。盡日傷心人不見，莫愁還自有愁時。

（d）亞子所撰《傳》，有序、贊各數百言，篇中亦繁蕪，茲錄已刪削不少，覆視，仍可簡殺，輒乙識之，偶易數字，即規其旁，世將以余為好事邪？文雖詳盡，顧不能舉其精神寄託，轉不若真長《銘》能得其要也。

（8）一九三二 民國二十一年十二月十七日

右《望峴山房詩存》一卷，吾邑程振六先生之殘稿也。先生諱人鵠，字振六。其先徽州人，清初移淮上，遂家焉。祖師點，父大鏞，窮研《詩》《禮》，各有纂述，為吾邑通儒。先生纘承世學，愈益恢宏，自以伊川之裔復研精身心性命之理，言動一軌於正。凡官於斯土者，自漕河使者以下，莫不矜式，鄉里後進，駔儈負販之徒，亦莫不知有先生。先生威德所被，可謂廣矣，而蹭蹬半生，始蒙鄉舉，春官累上，殺羽回車，遵例大挑，簽分湖北，時總督張某，變其素守，騖外趨新，見先生肫篤之容，訾為拘虛，先生知不合於時，難行其志，投劾而歸，杜門著述。然而一邑之內，興廢利害諸大端，輒白大府，無所嫌忌，時或不達，則再三力爭，若學校、倉儲等事，其尤犖犖為人所知者也。孰謂硜硜經生無益事功也乎？嗚乎！其德若彼，其遇若此，天之報施善人，果何如哉！況老而無子，子處小樓，群姪耑耑，無一當意，身死未寒，鬨爭遺產，時無幾何，斥賣殆盡。孫行數人，幾昧丁字，君子之澤，五世而斬。先生晚歲，偶與人談，輒發哀嘆，其先知之邪！

余家先世自高祖至先嗣父，皆娶於程，戚誼交情，密於陳朱。既有慕於先生道義之高，又感傷其後嗣日即於衰落，不能繼繩祖武。每思搜輯代為流通，而鄙倍之夫，難於理喻，深祕固拒，不敢相示，亦若仇視先人欲湮沒之而後快者，不亦怪哉！前年，邑人有欲刻《詩徵》者，先生後人震於其名，乃出小冊，俾轉致之。余以半日，亟為迻錄，即此冊也。先生本以德行為鄉黨楷式，文詞之末，非其所長。而此冊又其家人不學妄選之餘，不足以概全豹。嘗鼎一臠，聊寄其思云爾！

（9）一九三三　癸酉中夏錄《艾叟詩鈔》後

艾叟，姓聞氏，名溥，字漱泉，淮陰人。光緒乙酉選貢生，辛卯舉人，大挑知縣，分陝西。不果赴，遊幕南北。鼎革初，一長鄉邑民政，旋受代家居，不復出。而淮上鎮將，莫不尊為上客，伏波禮事尤恭，因得優遊詩畫，娛遣暮齡。叟之為人如此，而段翁乃偁其富幹才，思欲救世，鬱鬱不得試。陳君又比之彭澤、少陵，有義熙、天寶之感。強以己之懷抱，重誣他人，皆非真知叟者也！吾家與叟，頗世有聯，而往還甚疏闊。余生又晚，未能早與叟接。辛酉，余年三十，遭祖父之喪，庇覆無人，家難遽作。叟感意居間為道地，勢會所迫，未能曲從叟意，而叟顧不以愚兄弟為不肖，時進而教之讀書修德之道。庚午，季弟穉露夭逝，叟哀而錫之誄詞，叟之意良厚矣。戊辰，余來揚州，徐丈庶矦屬編校《詩徵》，獲覩叟之詩稿，段、陳兩家既各有取舍，庶丈又別錄一冊，余從徐本迻寫，視原稿存十之一，然精騎盡此矣。

諸體以七律為工，隸事屬對，精研有致。古體詩不免俗稚，未必能躋古作家之列。吾鄉淮壖小邑，人才寥落，益以兵燹水患，前人著作多就湮滅，叟之詩集，可不寶歟！鈔而序之，將以貽後之人。

（10）一九三四民國二十三年三月二十五日寫於

邵祖壽著《張文潛先生年譜》後：

山陽邵君為右史作譜，用力甚勤。吾弟耒研亦嘗為之，而未及見邵作。又其參錄諸書，每出邵引外，故面目頗異。如：

邵謂右史父非進士。耒研則據李深之《墓志銘》，明言其進士。

耒研據右史《上孫端明書》，言為弟求荐。邵則謂自求荐，且獻數疑。豈邵所據本脫「家弟」字耶？

耒研引《輿地紀勝》右史罷宣守，在紹聖二年十二月。邵繫於三年。

邵謂右史官奉常三閱月。耒研謂，滿一春者僅一月，別於滿三春。

邵謂右史晚年返淮陰，在崇寧五年之冬。耒研引《贈大寧山主詩》，謂在次年季春。

邵謂翟公巽買公田事，在政和三年。此不知翟之守陳，在政和二年秋，次年正月即赴中書任。耒研引翟公巽《埋銘》，年月確然。

耒研據《山谷年譜》，謂追贈在紹興二年。邵仍本《宋史》，謂在建炎初。

此皆足證邵書之誤。惜耒研早死，不見邵作，不然，更當有所啟悟也。

頃迻寫耒研遺稿，將付剞劂，既抱宿草之悲，然亦幸其遺著有足傳者在也。聊書其意於《邵譜》後。

（11）（a）一九三六　民國二十五年二月六日

按康熙壬子《清河縣志》，博羅鄒矦監修，而邑先賢汪公之藻所編纂也。勤惠為咸豐《志》作序，謂此修成而未付刊，遂以無存，誤也。魯、吳諸公皆未見，迄今又八、九十年，以為終不可見矣。稺露讀學部《善本書目》，載有此書，狂喜相告。其時未審知學部書展轉何屬，未能轉鈔。未幾，稺露物化，家庭多故，情懷甚惡，則亦不復置念矣。同里張秋懷，博雅多能，尤喜考訂鄉邑掌故。聞斯志尚存在天壤間，又知其歸於北平圖書館，即斥鉅金，馳函託鈔，不旬月，而赫然呈於案頭。繙閱再四，校其異同，相與嘆詫，感舊籍之復出，而物必聚於所好，亦足以傲魯、吳諸公矣。歲杪多暇，雪窗命筆，傳錄一過，庶幾又多一傳本存於世間也。

原本四卷，而第四卷闕，以目考之，若《著述文目》，若《藝文》，從嘉靖、乾隆兩《志》採輯，可復其舊。惟《雜辨》、《備遺》中，未知所述何語，今既闕佚，無從臆補，為可惜耳（由前三卷注語，知《雜辨》中有《吳城考》、《崇河集辨上》、《真觀考》等，內容不詳。）！卷二闕八頁，（一至八）《祀典》、《兵禦》、《河防》全闕，《驛遞》闕其半。卷三闕首頁《選舉》，遂無序，皆無可補。原本每頁十六行，行二十字，茲所抄行格不能相符，他日有欲刊印者，當以秋懷室本為準。惟秋懷室本抄手庸俗，雖字迹整飭，而不免譌誤，尚宜細校，不可不知也。

吾邑舊志惟康熙乙亥志，未知存佚（勤惠序謂已無存，未可信。）若嘉靖志在此志前，其後則有乾隆志、咸豐志、光緒志及先公續志，凡六種，吾家皆有之，可云備矣。

（b）一九三七去歲須公託人抄來，歲莫多暇，轉錄一過，不克與穉露共相快詑，感賦長句，書於卷尾：

韓多枚速是鄉賢，唐宋圖經不記年。濁浪清流驚往事，珍聞墜緒待新箋。

藝風著錄誰留意，太息斯人久閟泉。差幸亂離身尚健，雪窗呵筆校殘篇。

（12）一九三六　民國二十五年秋十月

松巢先生《節舫遊略》，《縣志》未著錄，世疑其已佚。今夏返里，泉生表兄屬予編校先生遺著，獲覩《遊略》稿本，大喜出望外，亟讀一過。知《遊略》者，道光七年，漕督訥爾經額督漕入京，先生為其子師，隨舟北上，道途經過之日記也。惜蠧蝕之餘，首尾殘闕，前佚十餘日事，卷末止眾興，去浦尚有一、二日程。加字細若蠅頭，塗抹鉤乙，間以狂草，幾不可辨識，眉間時有硃筆注，應增各條，亦無從補苴，乃竭十日力，別抄一本，難辨認者，輒就形義，比校其前後同異，意為連綴，時或失真邪？而大體乃得殺青可讀。先生自記有迻寫清本，分三卷，今不可得見。當時視此初稿，殆同筌蹄，乃百年後轉賴此以傳，殆非先生所及料矣！此書以記運道為主，河湖閘壩，歷歷如繪，使後世讀者可以審知當時轉輸之勞民力竭矣！是先生之微意也。登臨憑弔，形之歌詠，南北往返五千餘里，百三十餘日，得古今體詩百數十首，幾乎日課一詩。先生之於學，老而彌勤，而悲閔民生，睠睠母氏，篇什之中，再三致意，此又其每飯不忘者。至若論詩文、論貞節、論刑、論品學，皆有新義，不為時囿。雖遊記小文，而學識寄焉。卓哉先生，誠足繼蒿坪、春園、問津三賢之後，為嘉、道間淮儒之領袖。而遺文雖在，湮閟不彰，雖鄉人子弟或不能舉其姓氏，則又何也！

今泉生既銳意刊行其集，先生之學，其將由斯而顯歟？吾聞鬱之久者，其發必暴，敢以先生之遺著證之。

（13）一九四一　民國三十年六月二日於抄《覺山詩鈔》成後：

余性素喜搜求鄉邦掌故，友人張須與余同好，偶有所獲，輒相互快詫。須公既撰有《風土記》十卷，布之於世，世乃知淮壖下邑，其山川俗尚，亦有足稱者。余亦思輯邑中藝文，以稍補前志之疏略。而歷代以來，烽火蕩析，遺編斷簡，蕩替殆盡，舉以叩諸耆舊，每瞠目瘖口，莫能道其詳。

淮陰立縣，自嬴秦始。迄今二千年，豈無魁儒傑士挺生其間，而著作之風，何其闃如也！余乃益自發憤，不敢稍忽，晨抄夕纂，遠假近沽，數年以來，群書漸集，邑人著述所可見者，蓋逾百種。乃知向所謂無徵不信者，特未能留心搜輯而已，十室之邑，必有忠信，未之思也，夫何遠之有！

去夏返里，既抄成《考略》一卷，同人知余從事斯業，更各舉所知以告，先後又增益若干種，附於卷末，其他未能詳知者，豈盡佚哉？汲冢敦煌，間時有獲，簪筆謦折，以俟續記，固所願也。果也，今春再返，於泉生齋中，見有《覺山詩鈔》一冊，殘蝕渝敗，僅可辨識，則清初劉坤氏遺著也。

《縣志》稱坤字繹麟，稟貢生，父斌，兄震，均諸生。家富裕，振貧焚券，無歲無之。坤性軒爽任俠，絕意仕進，往來西泠，泛舟賦詩，一時名士，多折節盡禮。為詩力追沈宋，所著甚多，皆行世。子晉，邑諸生，以孝聞。其趨人之急，有祖父之風。《志》又載，坤所著，有《鶴鳴草堂稿》、《確亭詩最》、《覺山詩鈔》、《墨園雜俎》四種，皆無卷數。此冊三卷，僅存五七古，五七律，似非全帙。坤家既富，所作多行世，而僅存此戔戔，則散佚者多矣！然猶幸有此鱗爪可窺見大略，不然，能不疑其為虛目者邪！

集中有壬午四十五歲生日詩，乾隆二十七年也。坤頗老壽，六十三歲尚有詩存集中，則坤之生世略可知矣。遺集既殘缺，不可臆補。茲擇其完整者錄為一卷，庶幾殺青可讀。坤之詩雖未能遠躋枚、張，卓立於古大家之列，約略其風格於香山、放翁為近。頹唐老筆，攄寫性情，亦可略見翁之為人也。

泉生謂余，此非十六錢硯齋舊藏，乃去年從冷灘購得。余亦嘗於無意中得《符山堂詩》。今泉生又得此，是玄黃反覆以來，故家珍祕，流落外間者，殆難更僕數，安知異日，不更有發現邪？余日夕企望之矣！

余抄不數頁，胸臆間忽作劇痛，不耐久坐，因屬震、滋兩兒續抄。余書既潦草，兒書尤劣。然遺文墜簡，賴此孤存，徵文獻者當知寶愛，固不以書之工拙為高下也。何日清泰，當與須公一論之。

（14）（a）一九四三　民國三十二年九月十六日於古水渡口之舊宅抄《綠陰堂詩鈔》成

王小史先生名永熙，字映庚，乾隆辛酉拔貢生。由宗人府教習授香山令，調龍川、高要，操行清介，去官，餘硯數匣而已。初居清口，自號青口老人，晚居郡城，布衣葛屨，以書自娛。工詩，陶鍊精壯，與吳揖堂過從極密，相與討論，著有《淮上草堂詩鈔》、《替槎集》。丁柘塘輯《山陽詩徵》猶得見之，而家詠春《淮壖小記》已謂其無傳本，則散佚久矣。今春，余自淮東遯歸，晤陳畏人先生，先生從宋文獻處購得小史先生遺詩三冊，題《綠蔭堂詩鈔》者四卷，題《春遊草》者二卷，計詩四百餘首。書法挺秀，有河南筆意，殆是先生手蹟，雖未署名，而以卷中事實行跡考之，確是先生遺著無疑。然與《縣志》所載集名不同，蓋隨時題署，非統詞也。今以古體為卷一，近體為卷二，題《春遊草》者為卷三，諸家評隲則彙錄卷端。雖非全豹，庶幾略有可考，他日好事者取而付諸刊刻，則此本亦可備採擇也。

（b）一九四四　民國三十三年九月初

今夏，陳畏人翁以小史先生手稿見示，有山陽邱逢年湘亭評點，甚嚴刻不稍寬假，因竭二日力過錄之。前依陳翁抄本，其次序與先生手稿頗有參差，似失原編之意，亦有遺脫處，今無從正是，是可惜也。

（c）九月中澣

遺脫十餘首已補錄於續鈔卷尾。

（d）一九四四　民國三十三年一月二十二日即癸未臘月二十八日

今夏家居，從陳翁處借得小史先生詩稿，錄為三卷。冬杪，再晤陳翁，又以此冊見示，因復借抄為一卷。雖分卷不同，然詩無多寡也。按《縣志・藝文目》，應題為《淮上草堂詩鈔》，因前三卷從陳翁所題名，故此冊仍題《綠蔭堂詩續鈔》云。

（15）一九四五　民國三十四年一月據陳畏人先生抄本補錄《符山堂詩》殘缺序文並記注曰：

陳翁抄本，別有一序二傳，序文華詞虛美，不復錄。傳謂先生以經明行修，貢京師，授縣尹，未之官，卒於崇禎十四年。以集中詩考之，年約四十左右耳。學者私諡為文孝先生，是先生純為明人，而《縣志》以之入清代，又誤文孝為恭孝，又分拔貢與經明行修為二事，皆失考也。傳又謂先生晚年焚其二十時詩文殆盡，其後酬酢希簡，故力臣所錄，僅得二百餘首。此目所載凡百九十首，而陳翁抄止百六十首，與傳語合。蓋此是初刻，陳翁所據是後刻，又刪去三十首矣。次第亦略有移易，何時能得初刻本一比勘之邪？

後記

余於十餘年前取得此輯原件，讀之似懂非懂，遂隨手擱置。經此十餘年細讀先父遺稿，自感似有長進，重拾再讀，始知所記多與文字學有關，應屬專論，頗多參考價值，並非如前輯通俗讀本之十六《國學常識》。文中每多理論及看法異於前賢，更多為一般黎民百姓着想而深嘆者。蓋此《隨筆》寫於六十年前，內多認為《說文》許書有誤，若不發表，似有閉門造車之嫌，理當公之於世。或許此一甲子中已有學者發表相同理論，或有部分尚無人指出，則更應以饗同好。

尤有甚者，有關文字學之部分，所佔比例較大。自編中文文字分類法，詳為解說，撰成《文字略》十卷。於其日記中曾一再提及。解放後。雖未再見記述，但聞於滋弟之追憶，總是隨身搬遷，且不時增修，想見必多新義。孰料禍從天降，文化大革命紅衛兵幼稚胡鬧，竟從二弟家劫走不少所謂四舊，《文字略》從此消失！二弟為此自責甚深，已於去歲鬱悶以終。兩岸開放後，又不知向何單位探尋，雖有熱心戚友代為奔走，依然杳如黃鶴。前刊印十五輯中，除之一《范氏隱書》、之二《呂氏春秋補注》、之三《南獻遺徵箋》為原鈔本或再版，之六《藷硯齋雜著兩種》（莊子章旨及音）、之七《焦里堂先生年表》、之八《說文部首授讀》、之九《周易詁辭》、之十《莊子詁義全稿》、之十一《章實齋先生年譜》及之十三《十六錢硯齋詩文集》為定稿外，餘之四《莊子詁義》（內篇）、之五《藷硯齋詩文殘稿》、之十二《學林》、之十四《范耕研手蹟拾遺》及之十五《藷硯齋日記》係由震整理付印者，必有譌誤。唯《文字略》確定已經完成，而此唯一之稿又佚，今得此《讀書隨筆》竟錄有關文字之分類，及如何分類之緣由甚詳，似即為《文字略》之概論，則聊以補《文字略》之失也！

惟此係「隨筆」，似無刊印之意。其間又經易幟，整個社會大翻身，思想被改變，生活不安定，無暇整理修訂，難免有誤。震不學，僅發現第31「、之屬文字四十五」中，得四十四，係於「火」下之「炙」與「灰」間以墨釘塗改一字，遺忘未改五為四；第35「地類文字一百四十三」中，計數又為一百四十四；第36「人類一文字二百一十四」中，實際又得二百一十六；第37「人類二文字二百又四」中，僅得一百九十六；第38「人類三文字二百八十九」中，只有二百八十七；第39「物類一文字一百九十六」中，僅有一百九十五；第41「物類三文字一百九十二」中，又為一百九十三。而於第31所記有關「文字分類法一之屬文字五十四」，初為五十五，後於「㐅」下圈去「希」而成；又將「二」下之「四、六」改移於「㐅」與「十」之間，且以「四」列「六」下，並於說明中　述「四、六皆从八，八則從二也（說詳四下），故系二下」，但「二」下並未見「八」；類此，蓋多所塗改，當時毫無以此為定稿也。似乃《文字略》之架構耳！

且第31條云「……凡得二千數百餘字……」，經計數僅一千八百九十一字。更可知此稿並未再整理。但於一九四九年五月，上海被解放前，《文字略》確已定稿，據先父日記，似連目次及序等均已繕就。可能又另有增補，則不得而知矣。是可嘆也！

似此，或云既如此應無刊刻之必要矣。然則，此乃先父日積月累所研究之結晶，頗多新義，每據篆書及金甲文等之變易，指出許書之誤。雖僅屬初步駕構，應有其價值。惜多古字，電腦所無，由文史哲出版社彭社長正雄先生費心逐字影印拼字剪貼，辛勞備至，衷心感激。

先父性忠厚，鮮少批評他人，而為文則一反常態，對往昔訓詁之謬誤，則必不假顏色，即於此《隨筆》中，亦時見嚴辭斥責學者之謬論。實乃先父對中國文字結構及演進似已融會貫通，可惜為人禍所毀，身為後代子孫能不擲筆三嘆！幸天可憐見，竟於《隨筆》中發現珍品，豈敢再使散佚？更何況尚有其他多條亦為討論文字者及《全晉文》等資料，可供文史學者參閱，遂不計毀譽予以付印，亦不論近年是否已另有更優越專論，僅為使先父所訂「天地人物四類文字分類法」免被湮沒，並得接受文字學者之批評與指正，以使精益求精臻於至善之境。更期待《文字略》有重見天日之時，若有輾轉意外保藏者，能慨允割愛，自是萬分感激。更或如有識者無意中尋獲，能藉以整理發表，亦可使先父之心血未成流水，則願足矣！

戰後移居上海，以為可以安居，乃立此冊專記讀書心得。其實，《藎硯齋日記》中類此隨筆更多，而於戰前曾錄有手抄本數冊，每有跋語，內多資料，甚有價值，對有關學者之研究，應有助益，似亦屬讀書隨筆，並未載於日記中，故以附錄十五條列於後。

此輯承芸兒之老師張蓓蓓教授之指導及督促始得有成，內心感謝，實非筆墨所能表達，謹於此千謝萬謝焉。而張教授更力促應據現有資料編纂《淮陰三范年譜》，以見先父一家之言、先二叔紹曾公辦學之苦心及先三叔希曾公未為人知之論學觀點。然茲事體大，力之難及，加以震已邁入八十有四之年，為時無多，不知能否達成此宏願耳！

二零零七年冬淮陰范　震記於美俄州哥城芸寓

此輯多與文字有關，又有些如符號並非文字，剪貼影印拼字頗為費事，加以寓居美國，郵件往返費時，拖延經年，至今始成也。

二零一零年農曆新年又記於芸寓

國家圖書館出版品預行編目資料

蠹硯齋讀書隨筆 / 范耕研著. -- 初版. -- 臺北
市：文史哲, 民 99.09
頁： 公分. --（蠹硯齋叢書；16）
ISBN 978-957-549-923-5（精裝） ISBN
978-957-549-924-2（平裝）

1.文字學 2.劄記

802.21

蠹硯齋叢書 16

蠹硯齋讀書隨筆

著者：范耕研
出版者：文史哲出版社
http://www.lapen.com.tw
e-mail：lapen@ms74.hinet.net
記證字號：行政院新聞局版臺業字五三三七號
發行人：彭正雄
發行所：文史哲出版社
印刷者：文史哲出版社
臺北市羅斯福路一段七十二巷四號
郵政劃撥帳號：一六一八〇一七五
電話886-2-23511028 · 傳真886-2-23965656

中華民國九十九年（2010）九月初版

ISBN 978-957-549-923-5（精裝）
ISBN 978-957-549-924-2（平裝）